JN245941

玖村敦彦

日本の歩みを強く危惧する

――93歳の原爆体験者からの訴え

寿郎社

まえがき

私は十五年戦争の時代に広島で成長し、一九歳の時原爆を体験、敗戦による社会の激変を経験した。

八〇歳になった頃、己の人生で最も痛切な体験であった原爆のことを想い起こし、何故あのようなことになったのか考えた末、この問題は明治以降の国の歩みから解く他はない、と思うようになった。そこで膨大な数の文献を読み、それらの記述を戦時中に体感したことと照らし合わせ、到達したことを文章化して知人の方々にお配りしたり、本にして出版したりした。また講演会で講演したり新聞・雑誌に投稿したりもした。本書はそれらをまとめたものである。

現在、日々様々な出来事が起こっている。勿論それらの中には国内的にも、国際的にも重要な出来事があるだろう。しかし、目前のことだけに気をとられてはいけないと思う。現在は過去の延長線上にある。また、現在の国の歩みの方向を誤ると、すぐに国の破綻に陥ることはなくても将来どんな困難が待ち受けているか分からない。このことを痛感している戦争体験世代の一人である私の訴えが、これからの国の歩みを担っていかれる方々のお役に立てばこんなに嬉しいことはない。

目次

日本の歩みを強く危惧する

——93歳の原爆体験者からの訴え

改訂版　私の昭和二〇年八月一五日とその前後

私は広島高等師範学校付属小学校を卒業した。この学校は男女共学。四〇余人のクラス編成だった。入学から卒業までの六年間を通して大久保馨という先生が担任してくださった。先生のお人柄がとても良く、六年間クラスをともにし、原爆という深刻な体験を共有したからであろう。級友は今でも相互に親密で毎年集まりを持ち、会誌『馨友』を作成・配布している。会誌の世話役の堀之内君から、二〇一〇年（平成二二年）度は、一九四五年（昭和二〇年）の終戦の時のことを中心にそれぞれの体験・思いを書いてほしい、との要望があった。私は現在体調がかなり悪く、原稿を書くのは辛いと思った。しかし、自分の人生の中で最も痛切な記憶が刻まれた時のことである。胸中の思いを書き遺しておきたいとの気持ちもあった。それが堀之内君の誘いに触発されて投稿、『馨友』四号に掲載された。

その後この文章を何度も読み返した。そのうちに表現の不適切なところ、書き足りないと思う事柄が気になり始め、この改訂版の作成を思い立った次第である。

一、昭和二〇年のことと原爆後遺症

1. 呉の海軍工廠でのこと

一九四五年（昭和二〇年）四〜七月中旬、旧制広島高等学校理科甲類二年生の時、私たちは学徒勤労動員を受け、呉の海軍工廠に派遣された。当時は九州などの基地から、沖縄に向かって特攻隊機が盛んに飛び立っていた時期である。私たちの仕事はこれらが機体に装着する五〇〇キロ爆弾の製作だった。

ある日の日中、米軍機の大群による猛烈な爆撃を受けた。当日は夜勤だったため、私たちは工場に比較的近い工員寮で休んでいたが、空襲時には寮に隣接する横穴防空壕に避難した。爆撃は大型爆弾によるもので、落下のたびに腹にこたえるような地響きがし、天井の土がパラパラと落ちてきた。そのうち寮が被弾して炎上、大急ぎで防空壕から出て、避難した。寮の建物と防空壕の入り口との距離は極めて近く、そのままでは蒸し焼きになる恐れがあったからである。防空壕の入り口の直前には爆弾に抉られた大きな擂鉢（すりばち）状の穴が出来ていた。爆弾がもう二、三メートル近くに落ちていたら、その時私の人生は終わっていただろう。昼夜兼行で懸命に爆弾を製作していた工場は見る影もなく破壊された。昼勤で工場にいた人には死者が出たと聞いた。

2．日本製鋼所への移動

一九四五年（昭和二〇年）度には、戦局のため、広島高等学校の入学時期が大幅に遅れ、七月にずれ込んだ。新入生は広島市近郊の日本製鋼所に勤労動員されることになり、全員直接現地に集合するよう指示された。そこで工員寮内の一部を借りて、「薫風寮」（本来は広島市皆実町（みなみまち）の校舎近くにあった広島高等学校の寮の名）と呼び、第一～第六寮を設けた。それぞれに新一年生四〇余人が入寮、三人の二年生が「寮委員」としてつき指導することになった。私は寮委員の要員として呉から日本製鋼所に移るよう指示され、竹政君、田辺君とともに第一寮の寮委員に任じられた。

新一年生の寮への到着は、切迫した戦局のためばらばらで、かなりの日数を経てやっとほぼ全員が揃ったと記憶する。当初は、旧制高校のルールや寮歌を教えるのに精一杯だった。こうして、同じ寮の仲間の名前と顔をやっと覚えた頃に八月六日を迎えた。

3. 八月六日

当日、日本製鋼所は「電休日」で工場の作業は休みだった。私は寮に残り寮務をしていた。広島市に自宅がある寮生や広島見物の寮生の一部は朝早く寮を出て広島市内に入った。

八時過ぎ、突然、閃光・大音響とともに強烈な爆風が寮の建物を襲った。窓ガラスは粉々に砕け散り、私の顔にも無数の破片が突き刺さった。とっさに近くに爆弾が落ちたものと思い、在寮生は近くの山の防空壕へと急いだ。しかし近くに爆弾が落ちた様子は見当たらない。そうしているうちに、広島市の上空の真っ青な空に巨大なドーナッツ状の赤い輪が現われ、その中心に白い雲が生じた。この白い雲はみるみる大きく高くなり、やがて巨大なきのこ雲となった。きのこ雲の頂では雷が発生しているように見えた。いったいそれらが何を意味しているのか分かるはずがない。怪訝な思いを抱きつつ寮に帰った。

それからどのくらい経ったであろうか。広島市の方向から殆ど裸で大火傷をし、皮膚がまるで桃の皮のように剥けた人たちが続々と逃げてきた。日本製鋼所の工員寮の空いたスペースはそれらの人々の救護所に早変わりした。そしてこれらの人たちの言葉から広島市で何が起きたのかだんだんと分かってきた。しかし、それは想像を絶することだったので事態がなかなか飲み込めなかった。

そのうち、広島市に出かけた寮生たちに遭難者があることが分かってきた。そこで寮ごとに捜索・救援活動をすることになった。第一寮では、大宮正雄君が負傷した状態で帰寮し、同行した僚友某君と広島市のある橋の袂で被爆、別れ別れになった旨報告した。寮委員の三人は協議のうえ、大火傷を負った大宮君の看護体制をとるとともに、私が一年生四人程を連れて現地に向かうことになった。現地に近づいた時にはすっかり日が暮れていた。橋の近くの一帯は殆ど燃え尽きていたが、なお残り火があちこちでチロチロと燃え、地面からは強烈な火照りが感じられた。多数の遭難者が焦土に倒れ臥し、その多くは既にこときれていたが、中にはまだ生きている人もあり、最期の力を振り絞って「助けてくださいい」「水をください」と訴えた。それらの言葉には肺腑を抉る凄みがあり、長く耳底に残った。若干の人たちには水筒の水を飲ませたが、すべての人にというわけにはいかず、目的の場所へと急いだ。

目的の場所に着いてみると、あまりにも徹底的な破壊に捜索の仕様がなかった。しかし、せっかく来たのだからと三〇分くらいも探しただろうか。結局見つけようもなく帰寮し、状況を竹政、田辺両君に報告した。

4．その後の捜索など

それからも私が捜索隊長の役を引き受けることになり、原爆投下後、当日、翌日を含め殆ど連日市内各所を捜索して回った。一年生はその都度違った人に協力してもらったように記憶する。爆心地（広島市の市街地のほぼ中央）を中心とする半径約二キロメートルの地域では、完全に家屋が焼失し、地面には焼け爛（ただ）れた無数の遺体が散乱していた。火災を免れた市周辺部の小学校などの施設には、即死を免れようやくたどり着いた遭難者たちが、足の踏み場もないほどの間隔で並べられていた。しかしこれらの人々も次々と死んでいき、救護所はたちまち死体置き場となっていった。焼失した市街地に放置された遺体、市周辺部施設の遺体は真夏の暑さにみるみる腐敗し、耐えがたいほど強烈な死臭を放った。市内にあったいくつかの川には死体がたくさん浮き、川の流れのままに運ばれていた。赤ちゃんを脇にしっかりと抱えて流されていく若いお母さんの姿が印象に残っている。私たち捜索隊は一見して女性や子供と分かる人たちは別として、同じ寮の人はいないか、いちいち顔を覗き込んで捜索した。無残に傷つき焼け爛れた遺体を何千、何万見たであろうか。

結局、捜索により遺体を発見し、お骨を遺族の方にお渡ししたのは藤井寿君一人だった。彼の遺体を発見してくれたのは他の寮の人で、広島駅の西側の踏切で見たという。そこで私が確かめに行き、本人であることを確認した。彼の表情は今も鮮明に覚えている。翌日、一年生四人くらいを連れて焼きに出かけた。しかし、彼の遺体は前日見た場所になく、軍隊が市街地の多くの遺体を東練兵場に運び、そこに並べて焼こうとしているところだった。多くの遺体の中から藤井君を見つけ、隊長に事情を述べたところ、一番端の分かりやすい場所で焼いてくれることになった。そこで一年生たちは寮に返し、私は自宅（焼失を免れていた）に行き陶磁器用の桐の箱を携えて現地に戻り、在り合わせの篠竹（しのだけ）を折った箸で遺骨を箱に納め寮に持ち帰った。この箱は後日、寮を訪れた同君のお身内の方にお渡しした。

八月六日に大火傷をして帰寮した大宮正雄君は、寮生が協力して介抱していたが、まもなく亡くなった。私たちは彼の遺体を山の火葬場に運び茶毘（だび）に付した。結局私のいた第一寮の死者は、被爆後二〇日頃までに五人、他の寮でもそれぞれに死者を出し、六つの寮全体で三〇人を超えた。その後亡くなった人もあったに違いない。

八月一五日に終戦を迎え、負傷者たち（前記死者のほかそれぞれの寮で何人かの負傷者を抱えていた）のうち自力で帰れない人を手分けして彼らの自宅あるいは親戚の家に送り届けることになった。私は河野裕治君を彼の叔母さんの家のある大分県の小さな町に届ける役を引き受けた。列車は混雑を極め石炭運搬用の無蓋車に乗せるのが精一杯だった。長時間をかけてやっとその家のある町の駅に到着した。彼は自力では歩けなかったので、列車外では背負って移動したように思う。目的の家に着いた時には、私も疲れとこの頃出始めた放射能障害のためパッタリと倒れ込み動けなくなった。血尿も出た。叔母さんご一家は私を親切に扱ってくださったが、食料が極端に不足してた折でもあり、三、四日後、ご挨拶をして帰路に着いた。ようやく寮にたどり着いたが既に閉鎖されていた。そこで事情を推察し、広島市牛田町（うしたまち）の自宅に帰った。家は爆風でかなり痛んでいたが焼失だけは免れていた。近くの小公園からは来る日も来る日も遺体を焼く独特の臭いが流れてきた。

5．私の放射能障害

原爆投下二～三週後から放射能障害が起こり始めた。体が異常にだるくなり、目に見えないかすり傷までが悉く（ことごとく）化膿し、体中いたる所に細長く黄色い膿の盛り上がりが出来た。それに加え、昼夜を分かたぬ下痢が起こるようになった。この状態は翌年の三月頃まで続いた。一九四五年の末には、母、結核療養中の兄、被爆して火傷を負った妹、それに私の四人で父の実家のある山口県のある村に転居した（父は末子の弟を伴い東京に赴任中）。一九四六年（昭和二一年）度は原爆症のため高校を休学した。祖父母は農業を営んで忙しく働いており、何もしないのは心苦しかったが体が動かない。やっと手伝いが出来るようになったのは一九四六年の秋だった。

原爆症による体の不調、生きる目的を見失った精神的な苦しさから一時、学業をやめようと思ったが父の強い励ましがあり、一九四八年（昭和二三年）、東京の大学に進学した。

原爆症特有の体のだるさは一九四七年（昭和二二年）頃から六七年（昭和四二年）頃までは周期的にほぼ規則正しく起こった。一周期は八～九日くらいで、前半はほぼ正常、後半は異常なだるさを伴う特有の症状が表われた。（広島の被爆者の間ではそれを「原爆ぶらぶら病」と呼んだ。だるくて体が思うように動かずぶらぶらするよりほかになかったからである。）その時はまことに苦しかった。その後、症状の起こり方が不規則になり、症状の強度も上下を繰り返しつつ次第に軽くなった。特徴的な症状が完全に表われなくなったのは、「昭和七〇年」つまり被爆後五〇年を経た時期以降である。

二、あの戦争の体験から思うこと

1.「戦争で死ぬということ」の実感を伝えること

「終戦」後六四年を経て、あの戦争を直接体験した世代が少なくなり、社会全体の中で戦争への実感が薄れてきた。しかし、今年八三歳（二〇〇九年当時）になった私の長い人生の中で、あの戦争、特に一九四五年（昭和二〇年）に経験したことは最も強烈・痛切な記憶として脳裏に刻まれている。占領していた南方の島々で日本軍が次々と「玉砕」し、フィリッピン、沖縄と加速度的に米軍が迫ってくるのを実感し、私は、そしてたぶん多くの若者たちは、ごく近い将来に確実に死ぬであろうと感じていた。私には地上戦の経験はなかったが、呉での猛烈な爆弾攻撃、広島での原爆の経験から、近く行われるであろう「本土決戦」がいかに残酷なものであるか容易に推察できた。そして自らの死に備えて心をどのように整理すればよいか迷っていた。「天皇陛下のために死ぬのは日本人として名誉なこと」と言われても、「生きたい」という当然の本能を持つ若者にとって、そう簡単に自らの心を納得させることが出来るわけがない。

さらに「生きたい」という本能だけが問題ではなかった。あの戦争の正当性への疑念もあった。人は自らの死が不可避と思う時、生以上の価値あるものを求め、それにより生への執着を抑えようとする。当時日本では戦争を正当化する様々なことが言われていた。それらのうち、前記のような私の気持ちを比較的もっともと思わせたのは、あの戦争が欧米の植民地主義からアジアの諸民族を解放するための戦だ、ということだった。実際、当時はアジアの大部分の地域は欧米の植民地であった。中国も多くの利権を帝国主義諸国に剥奪されていたからである。

ではこのような意味での「聖戦」論に心から納得できたか。私のように知的に未熟なものにとってもそうはいかなかった。広島市は当時「軍都」であることを誇りとし、街を軍人が闊歩していた。そのため軍人・軍隊との接触は頻繁でその体質を肌で感じていた。市の南には宇品港（うじな）があり、軍隊、軍需物資の輸送基地で中国とのつながりが深かった。こうした関係から日本軍が中国でどんな残虐なことをしているか、公式報道とは異なることがヒソヒソ話のかたちで耳に入っていた。また、当時広島には朝鮮半島から移住した人たちがかなり多く住んでおられたが、もともとの日本人は彼らを著しく侮蔑しており、日本政府の政策も朝鮮半島の人たちを見下したものであった。

アジアの人たちを欧米の植民地主義から解放する、そのために日本人は命をかけて戦うのだ、というきわめて崇高な政府・軍の言い分と前記の現実との乖離はあまりにも大きく感じられた。しかし、そのことにこだわると死に立ち向かう心が乱れてしまう。そこで、あの戦争の基本はアジアの解放であり、中国、朝鮮半島の人たちのことは付随的なことと無理にも思い込もうとした。若い世代の私でもそんな気持ちを抱いたのである。もっと上の世代の勉強を重ねた人たちにはあの戦争の正当性についてより強い疑念、さらには明確な否定の思いを抱いた人たちがあったに違いない。事実、岡部伊都子の婚約者などそうだったのである。

さらに次のことも重要と思う。人が極限状態に置かれた時、その内面では利己と利他が厳しく対立する。このことは私も痛感したが、体験者の証言は多い。軍艦・汽船が沈没し救命ボートの容量が限られている時、安全な避難場所が限られている時、食料が極端に不足する時等々、多くの個人・集団・組織は利己の道を選ぶ。日本人がそれまでともに働き戦ってきた同胞を死に追いやるのである。戦争の持つ残酷さ・醜悪さの極致と言えよう。

戦場での個人の死のあり方は、その人の思想・人間性と、たまたまどのような状況に置かれたかという偶然的な要素により大きく異なるであろう。これらの結果、中には何の迷いもなく死んでいった人もあろう。しかし、あの戦争の膨大な死者たちの多くは、唯一度のかけがえのない生を、心に深い悩みや恨みを抱きつつ、かつ言語に絶する肉体的な苦しみを覚えつつ絶たれたのではないかと想像している。

戦争が過去のものと感じられるようになった今もなお、南の海の底には三千数百隻の無残に破壊された日本の輸送船や軍艦が沈み、無数の遺骨がその内部や周辺に散乱しており、太平洋の島々、アジア大陸の広範な地域にたくさんの草むす屍(かばね)が存在しているという。この厳然たる事実を決して忘れてはならない、と思う。

今の世の中の状況は当時とはあまりにも違う。人は直接的に経験したこととあまりにも隔たった事象についてでは、推察することすら困難である。「戦争を語り継ぐ」とはよく使われる言葉だが、そのことの困難を身に沁みて感じている。しかし、われわれが生きている限り、戦争による死の生々しい実態を何とか語り続けたい。次の世代の方々には、上記のような戦争における死を、わが身のことのごとく感じ取るよう努めていただきたい。それは戦争と不可分な関係にあるわが国の安全保障の問題、さらに世界平和構築の問題を考えるうえで根源的なことだからである。

2．戦争のない世界を構築するための知的努力とそれに基づく国際社会での努力

人類が少なくとも数千年の間、戦争を繰り返してきたことは紛れもない事実である。このの動かしがたい事実には深い根拠があるに違いない。このことから、平和を叫ぶことは容易だが戦争を無くすることは容易ではないと思う。

現在も戦争・戦闘が絶えない。私は日本が戦争の当事者になることはもちろん望まない。しかし、日本が平和でさえあれば他の国はどうでもよいとは決して思わない。その理由はただ一つ、戦争による死の当事者にとって、唯一度のかけがえのない生を失うことの苦しさ、そして残された肉親の悲しみは人類普遍のものと思うからである。

私はわが国が主体的・積極的に戦争の無い世界の構築に寄与することを願う。ではどうすればよいか。近道はありえない。過去の戦争の歴史、特に近現代の戦争（テロを含む）の歴史について、その表面的な経過だけではなく、その背景まで深く掘り下げる知的努力を様々な視点（註）から相互連携しつつ営々と進めること、その基盤のうえに国際社会で説得力のある発言・行動を積極的に行うこと、それにより同調する国・国民を広げ、戦争を続けてきた過去の構造を根底から変えていくこと、これが唯一の道と思う。

目標の達成には長い時間がかかる。その間、様々な難問に直面するだろう。その都度、罪

のない人々の戦争による死を避けるため最大限の努力をしつつ、前記の営為を粘り強く積み重ねるほかはない。戦争のない世界実現のための困難で長い道を歩む強い意志の根源は、前記1で述べた戦争の残酷さに対する生々しい実感だと思う。その意味で「戦争の体験を次の世代に伝えること」はやはり重要と信じる。

過去において戦争の加害者として膨大なアジアの人々を殺害し、かつ戦争の残酷さの極限である原爆を人類史上初めて経験した日本人には、この方向を推し進める使命があると考える。

なお、先ほど述べた知的努力が実を結ぶためにはいくつかの要件がある。ひとつは特定のイデオロギー（皇国史観、唯物史観など）にとらわれないことである。特定のイデオロギーにとらわれると、何もかもそのイデオロギーに合うよう解釈する傾向が生じ、考えを深めることが出来なくなってしまうからである。幅広い判断材料についてそれぞれが自分自身の頭で考え、どこまでも思考を深めていくべきだと思う。

次に、幅広い資料・情報の収集と公開、思想・言論の自由の確保である。これらがあってこそ、前述の知的な営みが保障されるからである。しかし、いくら言論の自由があっても、それぞれの国、時代の無形の「空気」があり、それに流されないよう常に注意を怠らないことが必要であろう。

戦争を主題とした番組・記事は今日に至るまで数多く繰り返されてきた。それらを見ていると、戦中派的平和主義者とその同調者の発言には、戦争の残酷さ・戦没者の胸中への熱い想いが感じられ、この点には共感を覚える。しかし、彼らの考え方はあまりにも情緒的な段階に止まっていることが多いように思う。それでも戦争経験者が多かった時代には、心から心へ直接伝わるものがあり、ある程度の説得力を持ちえただろう。しかし、戦後世代が増えるにつれて、次第に説得力を失ってきたように感じる。

他方、それに対立する側の一部優れた論者には、国益対国益が錯綜する国際社会の現実を直視するリアリズムがある。それは大切と思うが、この種のリアリストには、ともすると既存の構造を固定的に考える傾向や、ものごとを抽象化して考える傾向が強く、戦争と不可分に結びついた具体的な人の死に対する生々しい実感が希薄なように思えてならない。

次の世代の方々には、戦争の残酷さを感じ取る人間的で鋭敏な感性と、国益の錯綜する複雑な国際社会の現実を直視しつつ非戦の論理を生み出す知性、この二つを兼ね備えるという困難に果敢に挑戦していただけないだろうか。そして、それを平和実現のための知的探求や国内的・国際的な実践活動に結び付けていただけないだろうか。
この挑戦は唯一度の己の人生を賭けるだけの価値を持つものと思うのだが。

（註）政治、外交、経済、軍事等に関する諸学問、文化人類学、行動生物学、進化生物学等々

3．アジア諸国の人たちに対する戦争責任

この問題について多様な意見があることはよく承知している。随分多くの本を読み、また話を聞いた。そのうえでの私なりの結論は、アジア・太平洋戦争は多くのアジア諸国に対する侵略戦争であり、日本人はこの地域に住む人たちの人権を蹂躙し、かけがえのない命を奪い、その肉親たちに癒えることのない悲しみと困難を与えたということである。この戦争において日本が殺害したアジアの人たちの数は膨大であり、正確な数は不明だが日本の戦没者よりも遥かに多く二〇〇〇万人とも言われている。これは実に大きな罪であったことを深く自覚し続けなければならないと思う。こう言うと、「部分的には良いこともしたではないか」とか、「ヨーロッパの帝国主義諸国も同じではないか、日本だけが責められる理由はない」といった自己正当化の論がよく返ってくる。しかし、私は、いろいろ理屈をつけて言い訳や自己正当化をする人よりも、過ちを犯したならば潔くそれを認め、他人

よりもより厳しく己を責め、そのうえでもっと立派になろうと努力する人のほうを尊敬する。多くの人たちもそうではないだろうか。この点は国際社会での他国の評価についても同じなのではないだろうか。国際社会の中で前記2のような進路をとろうとする際、真の理解者・同調者を増やしていくためにもこのことは必要と思う。特にアジアの諸国民と真の和解を遂げ協調を進めるうえできわめて大切と思う。

愛国とは何か。それは狭いナショナリズムに基づく自己正当化ではない。人類に普遍的な規範（国境を越え、一人一人の唯一度の生を尊重すること）に沿って自らの国を高めていくことこそ真の愛国だと思う。

4．戦没者に対する追悼について

前記のように、私は特攻隊用の爆弾の製作に従事した。いったい何人の若者が私の作った爆弾とともに南の海に散っていったのか。その時の彼らの心の中を想像する時胸の痛みを禁じえない。そのほかの膨大な人たちの死に至る過程での心身の苦しみは如何ばかりだったか、自らも死を不可避のものとして実感した経験を持つ身として彼らに対する哀悼の念は人後に落ちないつもりである。

問題は追悼の仕方である。私なりの結論を言えば、死者たちを美化・聖化したくない、ということだ。それは彼らを冒涜(ぼうとく)せよということではない。彼らの死に至る過程での心と体の人間的な痛みに寄り添い、それを理解する努力をすることこそ最も大切、ということである。理解者がある、ということは最大の慰めだと思っているからだ。

戦没者の肉親は死者が無意義なことのために死んだと思いたくない。それは人情である。しかし、その意義をあの戦争の正当性あるいは部分的な正当性に求めることには同意できない。彼らがなぜ死に至ったか、その歴史的経緯を正しく認識・反省し、先に縷々述べたような努力を積み重ね、国際社会の中で戦争の無い世界を構築するために生かすこと、これこそが彼らの死を最大限有意義なものにする道だと信じている。

5. 日本国憲法における主権在民と人権尊重

戦争末期には、日本の勝利はもはやありえないことが事情通の人たちの多くには明らかだった。しかし、陸軍の首脳部は徹底抗戦を主張し、本土決戦、一億玉砕を叫んでいた。一方、一部「重臣」たちの間では戦争終結策が模索されており、その場合、最優先されたのは「国体護持」であった。天皇は天(あま)つ神(かみ)の万世一系の子孫であり、その権威・権力(註)の根源はそこにあるとされた。

一方、国民は即「なんじ臣民」であり、天皇のために生まれ、天皇のために生き、天皇のために死ぬべきものとされた。本土決戦準備の時間稼ぎのため、また最優先された国体護持策を立てるのに手間取った結果、「終戦」は遅れに遅れた。その間、特攻隊に象徴されるように、国民の命は塵(ちり)・芥(あくた)のように軽く扱われた。若者たちの純真な心に付け込んで如何に多くの青少年を死に追いやったことか。沖縄県民は国内唯一の地上戦への参加を要求された。当時の陸軍の体質を肌で感じた経験を持つ私には、それが如何に苦難に満ちたことであったか容易に想像できる。沖縄県民にしわ寄せされた苦難は、今もなお巨大な米軍基地のかたちで延々と続いている。戦後すでに六〇余年、同胞としてまことに申し訳ない。この状況をなんとしてでも打開しなければならないと切に思う。それは長い間、沖縄に犠牲を強いてきた政府と本土国民の責務である。本土でも米軍による空爆のため多数の命が失われた。

敗戦後、米占領軍の指示により明治憲法が改定されることとなった。当初、日本の指導層は何とか明治憲法的な天皇制の性格を残そうと固執した。しかし、結局米側に押し切られ、新しい憲法の前文に主権在民が明記された。天皇は主権者たる国民の総意のうえに象徴としての存在を認められることになった。まさにコペルニクス的な転回である。さらに憲法本文に基本的人権の尊重も明記された。戦争中、特に戦争末期の状況を思い起こす時、これらは本当によかったと思う。残念ながらこれらは米国側の圧力によることは否めず、国民の側の自覚の盛り上がりの結果ではなかったが。

主権在民はすばらしい。しかし、これは国民が国の進路に対して極めて重い責任を負うということと表裏一体をなすものである。直接政治にかかわるのではなくても、絶えず社会、国、世界の出来事に関心を持ち、学び、それを選挙に活かす義務、さらに直接社会に訴える義務を負うということだと思っている。

（註）日本の天皇は権威は持つが権力は持たない、との見解がある。しかし、明治憲法下での昭和天皇が、あの戦争において実質的にかなりの影響力を発揮した事実を指摘した史書は少なくない。国体護持が唱えられていた時の「国体」はこの明治憲法的な国の体制である。

6. 持続可能な世界の構築と戦争のない世界の構築

現代文明を基礎としたシステムは持続可能ではない。有限資源の消耗、濃縮されたかたちで存在する物質の拡散など、一言で言えば地球上の物質循環のサイクルが閉じていないからである。そのひとつの結果が地球温暖化である。人類は目先の利便を追求することにより自らの生存基盤を破壊しつつある。このままでは人類社会は必然的に崩壊の時を迎えるであろう。その時の状況は残酷極まるものに違いない。世界各国は協力してそれを避けるため持続可能な新しいシステムを作らなければならない。時間は限られている。戦争などしている暇はないはずである。

ただ、持続可能な世界を作る国際協力と戦争の無い世界を構築する国際協力は相関連し、相互に促進し合うものと思う。人類の中には戦争で儲け、持続不可能な世界の存続により一時的に利益を得る人もあるだろう。しかし、人類の大多数は、共通して戦争が無く持続可能な世界の構築により利益を得るだろう。そこに基本的な強みがある。それを広く全人類の共通認識とするためには、事情を理解した先進的な人たちによる広範な啓発の努力が必要だが。

おわりに

終戦後六〇余年を経過したにもかかわらず、あの戦争に対する認識・評価について国民の間に大きな見解の差異や混乱がある。その原因は、第一に「戦後改革」が米国・連合国の主導のもとで行われ、日本人自身の主体的な努力による過去のあり方への徹底的な反省が不十分だったこと。第二に、皇国史観を引きずった人たちと左翼の間でイデオロギーに拘束された不毛な論争が、党派の勢力拡張の利害関係ともからんで、延々と続いたことである。結局、戦争の経験者が多数生存し、その記憶が新しい間になすべき検証が不徹底・不十分なまま終わってしまった。

さらに次のことも指摘しておきたい。あの戦争で指導的地位・影響力の強い地位を占めた人たちのことである。彼らの大多数は、責任を東条英機ら一部の人たちだけに負わせ、天皇、側近、軍人、政治家、ジャーナリスト、学者、文化人、教育者等々の多くは、権限・影響力に応じて当然為すべき己の責任を自ら取ることをしなかった。彼らが関与して亡くなった戦没者たちの言語に絶する苦しみと遺族たちの深い悲しみを想う時、彼らは潔さに欠けていた、否、人間的に退廃していたと言うほかは無い。

上記のこと（歴史認識と戦争責任の問題）は戦後において国のあり方・進路を考えるうえで大切なものの欠落を招いたように思う。日本は確かに経済的には発展した。しかし、現在の社会は「人にとって本当に大切なものは何か」を見失ってしまったのではないかという虚しさを感じる。

もうそれを卒業したい。このままではわが国が国際社会での正しい、そして確乎とした進路を定めることはできない。「名誉ある地位」を占めることもできない。それではあの戦争の膨大な死者たちに申し訳ない。そんな思いが私を駆り立ててこの拙い文を書かせたのである。

私は定年後、日本の近現代史、特にアジア・太平洋戦争関係の本をかなり読んだ。ここに記したことには本から得た知識をもとにしたものも多い。しかし、それらは皆私が戦争中、広島、呉で切実に体感したものをもとに吟味したうえで、私の責任において書き記したものである。

私にとってあの戦争の体験は苦しかった。戦後も長い間原爆による放射能障害に悩まされた。それがなければもっと勉強もでき、仕事もできたのでは、と思う。しかしその反面、あの経験があったからこそ己の人生のあり方、国のあり方、世界のあり方を根本から考える駆動力を与えられたことも事実である。もしあの経験がなかったらもっと浮ついた人生を送っていたかも知れない。

最後に一つだけ参考資料を挙げておく。ここには個々人の具体的な戦争体験が、時代の空気を背景に、肉声で生き生きと語られている。歴史書などの文字からは伝わってこないものが伝わってくる。

「昭和を語り継ぐ」　製作・発行ＮＨＫサービスセンター／企画・販売ユーキャン（電話〇三―三三七八―四六〇〇）　大田昌秀、平山郁夫、早坂暁、なかにし礼ら一二人の話を収めたＣＤ一二枚（一枚約一時間）と解説書（話の要旨と用語解説）

（二〇〇九年一二月三一日記）

皇国史観とそれに関連するいくつかのこと

一、この問題を取り上げた動機

一九四五年（昭和二〇年）八月一五日「終戦」を迎え、その後は、以前とは全く異なる制度、空気の中で生きてきた。この日を境とするものの見方、価値観の転換はまことに大きかった。この転換を経験した私は、以後ごく自然に、戦時中のものの見方と戦後のそれらの双方から様々な事象を感じ、また考えるようになった。

こうした人生を生きてきた私にとって、現在の日本社会の状況には座視しえないものがある。不条理・悲惨極まる死を国民に、またアジアの人たちに強いてきた過去の日本国家のあり方についての認識があまりに乏しいこと、それどころか戦前・戦中のあり方に肯定的な意見を持つ人たちが増えてきたように思えることである。たしかに現在の国・国民のあり方には問題がある。しかし、だからといって「終戦」前の国のあり方、考え方に回帰する傾向を、当時を生きた私としては到底認めることができない。その理由をぜひ訴えたいのである。私がこの一文を記すことになった動機はここにある。

二、十五年戦争当時の支配的イデオロギー

時期を私が直接経験した十五年戦争の時代、つまり満州事変に始まり日中戦争へと続き、太平洋戦争、その結末としての連合軍への降伏に終わる約一五年間に限ることにしたい。

この時代において、日本人の心と行動を強く支配したイデオロギーを皇国史観と呼ぶことにしよう。この呼称を用いることには問題があるかも知れないがお許しいただきたい。

このイデオロギーの最大の特徴はまず「天皇は絶対」ということである。

天皇の絶対性は、天皇が天(あま)つ神(かみ)の万世一系の子孫である現神(あきつかみ)であることに基づくとされ

た。このことを強調するため、日本の古典の一部の記述が盛んに引用され強調された。たとえば、南朝の重臣北畠親房の神皇正統記（じんのうしょうとうき）の冒頭の部分「大日本は神国なり。天つ神初めて基（もとい）を開き日の神長く統を伝え給う。わが国のみこのことあり異朝にはその類なし。この故に神国というなり」である。また万葉集に度々出てくる「大君は神にしませば」も繰り返し聞かされた。天皇の詔勅は絶対だった。式典で教育勅語を読み違えた校長は厳しく糾弾され、自ら命を絶った例を聞いたように記憶する。

　こうした神国日本は「世界に冠たる大日本帝国」であり、「万邦無比（ばんぽうむひ）」であり、「金甌無欠（きんおうむけつ）」であり世界のいずれの国よりも優れているとされた。これは、他国に対する蔑視と表裏一体をなすものだった。そしてアジアの他国、植民地に対する当然の指導権・支配権を持つ根拠とされた。

　天皇が絶対的であるのと極端な対比をなすが、国民の人権は無きに等しかった。国民は天皇のために生まれ、天皇のために生き、天皇のために死ぬのは当然とされた。天皇を護るためのコマとされたのである。戦死は天皇陛下のための「名誉の戦死」であり、軍人は戦死に際して「天皇陛下万歳」と叫ぶとされた（実際には「お母さん」と叫ぶことが多かったようだが）。当時の社会では肉親が人前で夫やわが子の戦死を悲しむことは許されなかった。葬式の時お悔やみを述べることも憚（はばか）られた。悲しむことやお悔やみを述べることは、天皇のための死を否定的に受け取ることと解されたからである。

日本国軍は即ち皇軍であり、国民を護るというよりも天皇を護るものであった。「忠君愛国」、「滅私奉公」の言葉を一年三六五日、一日二四時間、私たちは聞かされ続けた。それは、学校、社会全体を挙げて行われた。こうしたイデオロギーに少しでも異なる言動をする人は、官憲により、他の国民により、厳しく指弾され「非国民」と罵られた。報道は官憲によ り厳しく規制された。国の主導する思想にいささかでも疑念を抱かせる恐れのある事実や意見を報道することは全く許されなかった。報道の自由、言論の自由、思想信条の自由は無に等しかった。この傾向は戦争が進むにつれて極端になり、敗戦前には殆ど狂気に近い状態に達していた。当時の法律がどうだったかはともかく、私が体感した現実はそのように著しく非人間的なものであった。

私たちの世代の多くはこうした空気の中で育ち、それをあたりまえのことと受け止めた。私も戦争に勝つために優れた兵器を作りたいと思い、旧制高校の理科甲類に進んだ。学徒勤労動員で爆弾製作に従事した時は随分頑張った。ただし、朝鮮の人たちに対する圧制や中国における残虐行為については、非公式なルートでなんとなく伝わってきて、心の底に戦争の正当性に対する疑念がないわけではなかった。

三、皇国史観の浸透・強制

皇国史観の国民への浸透・強制は、教育その他あらゆる手段を用い、国を挙げて進められた。「日本本土」の隅々までそれが行われたのは勿論、沖縄県民、アイヌ民族など国内の異文化を持つ人たち、さらには朝鮮などの植民地の人々にもそうであった。それは皇民化と呼ばれた。固有の伝統文化を持つ人たちがそれを否定され、いわばヤマトのイデオロギーを押し付けられる、そのことを相手方の心の内側から考えてみていただきたい。今にして思えばなんと無神経・傲慢であったことか。(なお、沖縄、アイヌ民族の人たちへの本土権力の強圧的な政策には長い歴史があるが、ここではそれには触れない。)これがある程度の成果を挙げた結果、様々な悲劇(戦争末期、沖縄の県民を巻き込んだ地上戦、戦後の朝鮮人BC級戦犯問題などにおいて)を生んだ。

四、皇国史観の象徴としての靖国神社の問題

靖国神社は天皇のために死んだ人たちを祀る神社で、まさに皇国史観の象徴的な施設である。靖国問題については、生前様々な信仰を持っていた人たちを、すべて神道に則って祀るという問題、A級戦犯の合祀問題、内閣総理大臣の参拝とそれに対する国際社会の反発の問題など様々な点からの論議が行われてきた。

戦時中、膨大な戦死者が次々と生じた。新しい戦没者を合祀する大祭には「畏くも」昭和天皇が大元帥陛下として軍服を着て参拝し、その模様をラジオが荘重な語調で放送していた。このことを知る私として、今真っ先に感じるのは、靖国神社が、国民を天皇のための死に追いやる巨大なマシーンであった、ということである。当時、戦死者は言葉を尽くして美化され聖化された。もしも国が彼らを生前大切に扱い、その人権を尊重したにもかかわらず、不幸にして死に至ったというのならそれも分かる。しかし、特攻隊、インパール作戦、捕虜になることを許さず玉砕を当然のこととしたこと、南の島々に放置された軍人たちが補給を受けられず多数餓死したこと等、国民の命は塵・芥のように軽く扱われた。そ

れなのに、彼らは戦死した途端に極端に持ち上げられ、空々しいほどの美辞麗句を総動員して称えられ、護国の英霊ともてはやされた。この極端な対比には一種の作為を覚えざるをえない。それは国民の不満を抑え、戦死を天皇のための名誉あることと受け取らせ、さらに国民を「天皇のための死」に向かわせるための精神操作であったとしか思えない。

戦死者の中には様々な宗教の信者がいた。また、植民地出身の戦没者もいた。これらの遺族の一部から、戦後、肉親を靖国神社の合祀対象から外してほしいとの要望が出された。しかし、靖国神社は決してそれを受け容れなかったという。戦死者の霊はまず本人のものであり遺族のものであるはずだ。どうして靖国神社にその要望を拒む資格があるというのか。今なお靖国神社の考え方の背後にあるのは、国民はまず天皇のものということではないのか。それはまさに戦争中のイデオロギーそのものである。

こう考えるとA級戦犯の合祀もこの神社の基本的性格からしてきわめて当然の帰結である。なぜなら彼らは戦争責任のうち昭和天皇の分まで引き受けて死刑に処せられたからである。戦争終結直後、天皇の周辺は天皇を戦犯にしないために、また、極東軍事裁判に証人として出廷することを阻止するためにあらゆる画策を行った。天皇周辺からA級戦犯被告、特に東条英機に対し、法廷で天皇に累が及ばないような陳述をするようにとの働きかけが行われた。彼はその要望を容れ、罪を一身に引き受けた。この点ではまさに東条らは忠臣だった。忠義を最高の規範とする靖国史観・皇国史観からすれば当然であった。

私は、六〇歳を過ぎて靖国神社の遊就館を訪れ、まるで戦時中に逆戻りしたように思え驚いた。そこには日本の過去の戦争に対する一片の反省もなく、すべて正当化されていたからである。

A級戦犯を合祀した靖国神社への総理の参拝は国際問題となった。特に小泉総理（当時）は参拝に固執し、中国や韓国から非難を受け、外交関係に実質的な悪影響を及ぼした。

しかし、私の考えでは、靖国問題は国際問題であるよりも前にわが国民自身の問題、国民の歴史認識の根幹にかかわる問題である。三〇〇万人を超える戦没者を出し、二〇〇〇万人とも言われるアジアを中心とした人たちを殺害したアジア・太平洋戦争を主導した皇国史観（天皇の絶対視、国民の人権の著しい軽視、他国に対する神国日本の優越性の強調を特徴とする）の象徴的存在であり、終戦前の歴史観を今なお保持している施設をそのまま認めるかどうかの問題である。一国の総理である小泉氏の見識を疑う。さらに「みんなで靖国神社に参拝する会」という国会議員のグループがあると聞く。彼らは靖国神社の背景を知らず、単なる戦没者の追悼施設と考えているのだろうか。それとも皇国史観イデオロギーをいまだに信じているのだろうか。歴史認識を深める必要を感じざるをえない。

私に近い世代の膨大な若者たちが戦争で死んだ。彼らの胸のうちを今思う時、彼らに対する哀悼の思いは深い。それ故にこそ、彼らを不条理な死に追いやった巨大なマシーンであった靖国神社の存在に強い反発を覚えざるをえないのである。

戦没者の追悼施設としては、宗教色のない、そして皇国史観と完全に無縁な国立施設（慰霊塔など）の建設を希望する。さらにそれとやや隔たった位置に、日本軍に殺害された人々への日本国民の贖罪の意を表わす慰霊塔も併設していただければ、と思う。それぞれの塔の横には正しい歴史認識に立つ設立趣意書を刻んだ銅版でも設置してほしい。場所としては千鳥ケ淵あたりはどうだろうか。

五、日の丸・君が代の問題

1．日の丸の問題

日の丸のデザインは単純で好きである。スポーツの国際試合で、日本の選手がユニホームに日の丸をつけて活躍しているのを見ると、何のわだかまりもなく応援する。しかし、常にわだかまりなく日の丸に接することができるかと言えばそうではない。戦時中、日の丸が皇国史観高揚の手段として用いられたことは紛れもない事実だからである。当時の新聞には、中国の都市を占領した日本軍が、日の丸を誇らしげに振っている写真が度々掲載された。植民地だった朝鮮などでも支配者日本の威信を示すものとして使われた。以前から時々思っていたことがある。日の丸の旗は、アジアの旧植民地・被侵略国では、ヨーロッパの人たちがナチスドイツの旗である鉤十字（ハーケンクロイツ）に対し抱くような感情を引き起こしているのではないかと。ソウル、北京のオリンピックで掲揚される日の丸を見たアジアの人々はよくも寛容に振る舞ってくれたものと思う。それに対し日本はあまりにも旧植民地・被侵略国の人たちに鈍感なのではないだろうか。

2. 君が代の問題

君が代に対しては日の丸よりももっと強い拒否感を禁じえない。歌詞がまさに皇国史観をかなりあからさまに表わしているからである。そして国内の非大和民族系の人たちに大和民族由来の皇国史観イデオロギーを押し付ける強力な手段だったからである。過去に中曽根元総理大臣が日本は単一民族国家だと述べた。しかし、北海道にはアイヌの人たちがいる。沖縄は独自の文化を持つ王国だった。現在は朝鮮半島から帰化した人たちもかなりの数に上るだろう。彼らも同じ国に属する同胞である。数が少ないからといって決して軽視してはならず、それぞれの持つ固有の風習や文化を尊重し合いたいのである。

それに君が代の歌詞は主権在民の現憲法の精神にふさわしくない。

以上の理由から私は新しい国歌を制定すべきだと考える。

では歌詞はどのようにすればよいか。骨子は次のようにすればよいと思うが、詩としての美しさに欠ける。どなたか格調高く美しい歌詞に仕上げていただけないだろうか。それにふさわしい魅力的なメロディーを作曲していただけないだろうか。

「我々は様々ないきさつを経てこの日本の国民となった。文化、習慣を異にする民族が相集っている。しかしお互いを理解するよう努め、苦しみも喜びも分かち合いつつ、みんなで良い国をつくっていこう。

人類は長い間、戦争に戦争を重ねてきた。しかし、戦争はあまりにも残酷で非人道的だ。我々は国籍を問わず一人一人のかけがえのない人生を大切にするような世界を創りたい。志を同じくする世界の友たちよ、心を合わせ、力を合わせて平和な良い世界を築いていこうではないか。」

3．日の丸・君が代の強制問題

一九九九年（平成一一年）、日の丸・君が代を国旗・国歌とする法律が成立した。爾来、社会、特に教育界では、日の丸・君が代への強制が強まり、従わないものへの厳しい処罰が行われるようになった。しかし、日の丸・君が代をどうみるかは、思想、信条の根幹にかかわる問題、人権にかかわる問題である。これらに対する抵抗感には十分な理由・正当性があると信じている。権力による強制は絶対にやめてもらいたい。

現在の明仁天皇（二〇一〇年当時）は戦争について深い認識をお持ちの方と思っているが、ガバン・マコーマック『属国』に次のような記述がある。二〇〇四年（平成一六年）の園遊会で東京都教育委員の米長邦雄が明仁天皇に「日本中の学校で国旗を掲げ、国歌を斉唱させることが私の仕事でございます」と述べた。これに対し、明仁天皇は「やはり強制ではないことになるのが望ましい」と答えられたという。

六、「自虐史観」論について

日本でも、南京大虐殺、植民地からの「従軍慰安婦」の強制連行、多くの地域での捕虜虐待、沖縄で日本軍により強制された県民の集団自決など、「皇軍」の道義に悖る行為がしばしば批判されてきた。これに対し、一部の人たちは「自虐史観」と非難した。私は、これらの現場にいたわけではないから、個々の事件の当否については何とも言えない。しかし、「軍都」広島にいて軍人と直接接する機会が多かったし、政府の対植民地政策・対アジア政策の性格が如何なるものかは体感した。その私から推察すれば、前記の諸事件・諸問題はいかにもありそうなことと思える。

皇国史観のイデオロギーに取り付かれた人たちは、皇国の無謬性に否定的な言辞に我慢が出来ないらしい。だが、一〇〇パーセント完全な人などありえないように、道義的に完全無欠だった国などありえないだろう（戦時中皇国は完全無欠だと盛んに言われていたが）。たとえば米国は先住民を大量虐殺し、黒人の奴隷を多数使って建国し、国を発展させてきた。まさに人道的犯罪のうえに現在があると言えよう。多くの「強国」についても程度の差こそあれ同様であろう。わが国は過去に犯した侵略の罪、人道への罪を正当化せず、潔く反省・謝罪すればよいではないか。そうしたとしても、たとえばわが国の古典文学の持つ美しさ、仏像その他の美術工芸面での独特の価値などはいささかも揺るがないだろう（私は数年前、札幌の近代美術館で見た鑑真和上像の深い人間性を湛えた表情の美しさが忘れられない）。「自虐史観」の論者はわが国の良さについてよほど自信がないのではないかと思ってしまう。

戦後、ドイツが国連加盟を許された時の英国代表の演説が新聞に掲載された。その文言が印象的だったので覚えている。「……ゲーテの国、ベートーベンの国は美しい国である。世界の文化への貢献において、ドイツに比肩し得る国は少ない。……」ナチスドイツは大きな罪を犯した。しかし、それはそれとして国際社会はドイツの優れた点はちゃんと認めてくれるのである。

戦後五〇年を経て、当時の村山首相は公式に、はっきりと過去の戦争とそれに関連する罪を認め謝罪した。しかし、日本の保守派の中にはいまだに自己正当化を繰り返し、アジア諸国との真の和解を妨げ、米国の属国のようにこの国に頼っている人が少なくないように見える。

七、昭和天皇の戦争責任

前述のように戦時中の天皇の存在は大きく重かった。それ故、戦中派には昭和天皇の問題はどうしても避けて通れない。戦争の開始、遂行、終結において昭和天皇がどんな役割を果たしたか。このことについては膨大な資料があり書籍が刊行されている。それらを見ると、昭和天皇に好意を寄せる人、彼のファンとも言うべき人も少なくない。一方、厳しい評価を下している歴史家・ノンフィクション作家もある。

終戦前、天皇は絶対的存在であったから、一九四一年（昭和一六年）一二月八日の宣戦の詔勅は、一字一句天皇のご意向を表わすものと受け取られた。詔勅に基づく国の命令は即天皇の命令とされ、膨大な数の軍人たちが戦場に送られた。

その結果は惨憺たるものだった。一九四五年（昭和二〇年）二月、元総理近衛文麿は「遺憾ながら敗戦は最早必至なりと存知候」に始まる上奏文を昭和天皇に提出し、戦争の早期終結を献言した。彼我の戦力差は歴然としており、合理的視点から考えれば戦争継続の結果は明らかだった。それにもかかわらず、昭和天皇は近衛の提言を容れなかった。

合理性に欠け、著しく精神主義的な傾向が強い陸軍の指導部は本土決戦・一億玉砕を叫び続けていた。その態勢を整える時間稼ぎのため、沖縄では圧倒的な米軍を相手とした地上戦が行われ、多数の軍人・県民が犠牲になった。沖縄は、沖縄県民の命は、まさに日本本土の盾として利用されたのである。一方、天皇の側近・重臣の間では、最大の課題は国民の犠牲ではなく、国体護持は如何にすれば可能か、ということだった。この点についてもなかなか結論が出ず、本州各都市への空爆、広島、長崎への原爆投下が行われ膨大な一般市民が死んだ。さらにソ連の参戦があり、やっとのことで「終戦」となった。

戦後、連合軍の実質的指揮者であったマッカーサーは天皇を最大限利用しようとした。外地の膨大な日本軍の武装解除、帰還、間接統治による効率的な占領政策の遂行などの点で天皇は大いに利用価値があったからである。そのため、一部の連合国の代表に異論があったにもかかわらず、天皇を戦争裁判の被告人から外した。この方針は国体護持を最大の課題とした天皇周辺とも利害が一致した。戦争犯罪を東条英機ら一部の人たちにすべて押し付け天皇の安泰を図ったのである。そしてそれは成功した。

アジア・太平洋戦争に対する天皇の責任について、内情をよく知る重臣、天皇の側近からもかなり多くの声が寄せられた。近衛文麿元総理、木戸幸一元内大臣からも天皇は退位すべきだ、との意見が述べられた。また田島道治宮内府長官の作成した昭和天皇の「謝罪詔勅草稿」が残されている（加藤恭子『昭和天皇「謝罪詔勅草稿」の発見』文藝春秋）。その中には「朕ノ不徳ナル、深ク天下ニ愧ズ」の文言がある。このことと関連して田島長官に対する村井侍従の印象的な言葉がこの本に記されている。

村井「日本は世界の国々に非常な大犠牲を強いたのでありますから、天皇陛下が何もおっしゃらないまま頬かむりを押し通すのでは道理が通るものではありません。お上はそのお立場から、現在のご苦悩をそのままけじめとされ、内外に陳謝の姿勢を表すべきです。そうでなければ、すでにその風潮が現出し始めているように、今後のわが国に無責任時代が到来するのは必至です。世界に、アジアに詔書渙発の形でけじめを発表しなくてはなりません。このような無責任体制を続けていたら、長官、国民の復興は出来ませんぞ……」

しかし、謝罪詔勅は結局公表されなかった。責任をとって退位することもなかった。終戦後の困難の中で天皇周辺でもいろいろな意見が錯綜し、それらが及ぼす波及効果について計算がなされたのだろう。しかし、私には、昭和天皇には基本的に戦争についての責任感が浅く、アジア諸国民、日本国民に対する謝罪の念が薄かったためと思われてならない。『昭和天皇独白録』が文春文庫として出版されている。一九四六年（昭和二一年）四月から五月にかけて計五回、五人の側近が天皇を囲み、座談会形式で戦時中のことを聞いた結果を、寺崎英成が記録したものである。

これが書かれたいきさつ、背景としては、極東軍事裁判における天皇の戦争責任を免れようとしたため、との説があり、事実速やかに英訳されて米国側に渡されていたという。

ここで昭和天皇が繰り返し強調しているのは、「自分は立憲君主として振る舞うよう努力した。それ故、臣下が正規の手続きを経て決めたことは拒否しなかった。もしそれをするなら、独裁君主と異ならないからである」ということである。しかし、内容をよく読んでみると、昭和天皇は戦争の開始、遂行、終結に実質的にかなり大きな影響力を発揮している。臣下が機関決定したことに黙って印を押すロボットでは決してなかった。アジア・太平洋戦争を主導したのは、軍、特に陸軍と右翼的な思想家・政治家だと思うが天皇に全く責任がなかったとは到底言えないと思う。

前述のように、終戦前後、天皇の周辺・国の上層部では国体護持を最重要視していたことは事実だが、それでも昭和天皇個人の戦争責任を問う声は少なくなかった。一方、第一線で戦った若い兵士や士官たちはまさに上からの命令を大元帥陛下である昭和天皇の命令と真っ直ぐに受け取っていた。したがって当然のことながら天皇・重臣・側近たちとは違った気持ちを持つ人たちがいた。たとえば渡辺清『砕かれた神』（岩波現代文庫）や藤原彰『中国戦線従軍記』（大月書店）には、終戦後天皇が自決するだろうと思ったことが記されている。戦時中育ち、あの時代の空気の中で、己の人生を天皇に捧げようとした純粋な気持ちの若者たちがそう思ったのは無理もない。

一九七五年（昭和五〇年）、記者会見に臨んだ昭和天皇に対し、戦争責任についてどうお考えですか、との質問が出た。私はテレビかラジオでこの質問を聞き、耳をそばだてた。そして答えの内容がどうであれ昭和天皇は真摯にお答えくださるだろう、と期待した。しかし、天皇の返事は「そういう言葉のあやについては、私はそういう文学方面はあまり研究もしていないのでよくわかりませんから、そういう問題についてはお答えできかねます」というものだった。「言葉のあや」という部分と「文学方面はあまり研究もしていないので」という部分が特に印象強烈だった。途端に言語に絶する肉体的・精神的な苦痛の末「天皇陛下の御為に」亡くなった戦没者たちがなんとも気の毒になった。この会見の後、朝日歌壇に次のような短歌が寄せられたという。

ことばの〝あや〟の仰せをいかに聞き給う　水漬く屍は草むす屍は　（家永三郎『戦争責任』岩波現代文庫）

まさにそのものズバリ、よくぞ言ってくれた！　と思う。

さらにこの記者会見では広島への原爆投下についてどうお思いですか、との質問が出た。これに対し、昭和天皇は「……こうゆう戦争中のことですから、どうも、広島市民に対しては気の毒であるが、やむをえないことと私は思っています」との答えがあった（以上の事実については多くの史書に記されている）。戦争は地震や台風のような自然災害ではない。天皇が署名捺印した宣戦の詔勅によって始められたものである。その結果として広島への原爆投下が行われたのである。こんな他人事のような答えが許されるだろうか。広島で被爆しその惨状を知る私としてとうてい納得できるものではない。

昭和天皇にも平和を願い、国民の幸せを願う気持ちはあったと思う。一九四一年（昭和一六年）秋、緊迫した日米関係を審議した御前会議で、明治天皇の御製「四方（よも）の海　みな同胞（はらから）と思う世に　など波風の立ち騒ぐらむ」を読み上げたとの報道を当時の新聞で読んだ記憶がある。また、平和を願い、国民の幸せを願った御製も少なくないようだ。しかし、様々な記録、本を読む時、その気持ちの底の浅さを感じざるをえないのである。

その一番の理由は、沖縄を本土の盾とし沖縄県民に多大の犠牲を強いたことである。もし、日本国民を本当に思う気持ちがあれば、決してそれには耐えられなかったはずである。

理性的に考えれば、沖縄戦が始まる頃には勝算は皆無だった。前記の「近衛上奏文」に見られるように、太平洋戦争開始の時とは随分雰囲気が違っていた。国民も無理に無理を重ねたため、特に極端な食糧不足のため著しく疲れていた。戦争終結について陸軍首脳部を納得させるのは容易ではなかっただろう。しかし、天皇が命を賭けるほどの強い決意で戦争終結を目指せば、沖縄戦は回避可能だったのではないかと思えてならない。

ちなみに、『昭和天皇独白録』には沖縄県民の苦難への思いやりを示す言葉はまったく無い。守備軍の作戦上の不手際を非難する言葉、戦艦大和の特攻作戦のまずさを非難する言葉に続き「（陸海軍の）作戦不一致、全く馬鹿馬鹿しい戦闘であった」と記されている。沖縄県民、第一線で戦った軍人への冷たさを感じざるをえない。

さらに昭和天皇は戦後、新憲法が効力を発してのち、側近を通じて米国側に沖縄の占領を長期間続けるよう要請した。明治憲法のもとでも立憲君主であったと強調した昭和天皇である。いわんや新憲法下で許されることではなかろう。昭和天皇は戦後全国各地をくまなく巡幸したが、沖縄県だけは訪れなかった。まことに象徴的である。

昭和天皇の評価には様々なものがあるが、私は、沖縄のこと（沖縄戦回避のための真剣な努力をしなかったこと、米国に長期占領を要請したこと）と前記の記者会見での回答を思う時、とても好意的な気持ちを抱きえないのである。

昭和天皇がここに縷々記したような言動をしたことは昭和天皇自身にとっても惜しむべきことだったと思う。もし沖縄県民のことを思い、命がけで戦争終結を急ぎ、戦後、自らの戦争責任について、具体的根拠を挙げて謝罪し、責任を取って退位していれば、歴史の審判においてはるかに高く評価されることになったであろう。そして国民もそれぞれが己の責任について反省し、日本の社会は、もっと締まった、責任を重んじる社会になっていただろう。そう思えてならない。

八、皇国史観の成立・発展への国民の関与

皇国史観の成立史について詳しく述べるだけの知識を私は持っていない。皇国史観の源には、古事記、日本書紀など古代の天皇の意向により編纂された文書が関係していることは確かだろう。しかし、近代になって国民——軍の指導部、右翼思想家、学者・文化人、教育者その他多くの人々——がその「発展」、「極端化」に関与したことは間違いない。アジア・

太平洋戦争が進むにつれてこの歴史観がみるみる極端化していく過程を私は体感した。その中で特に忘れられないことを一つだけ取り上げておく。

それは、信時潔作曲の「海行かば」である。

戦時中、「皇軍賛美」、「戦意高揚」のための歌が無数に作曲された。その頂点に立つのが一九三七年（昭和一二年）に信時潔が作曲した「海行かば」であった。歌詞は「海行かば　水漬く屍　山行かば　草むす屍　大君の　辺にこそ死なめ　顧みはせじ」である。この歌詞は、万葉集巻一八に載せられた大伴家持の長歌の中に大伴氏の家訓として詠み込まれたものである。当時、大伴氏は藤原氏のような新興氏族との権力闘争において押され気味であったが、家持は大伴氏が他の氏族とは異なり、天皇家と特別な関係にあることを強調し、一族の奮起を促した。

しかし、信時潔がこの歌曲を作った時には、歌詞は広く日本国民一般の天皇に寄せる想いを表わすものとして受け取られた。そして、皇国史観の強まっていく当時の風潮の中で高く評価され、国民に精神面で絶大な影響を及ぼした。当初、天皇に寄せる国民の想いを表わすとされたこの歌曲は、戦況が不利になるにつれて、国民精神のあるべき規範を示すものとして扱われるようになったように思う。戦争末期の異常な空気の中では「……だからお前は天皇陛下のために死ね」と言われているような、いわば脅迫・恐喝する歌のようにさえ私には感じられた。

今でも鮮明に覚えている。太平洋戦争は初期こそ連戦連勝であったが、やがて米軍にじりじりと押されるようになり、そして米軍の進攻は加速度的に速まった。日本軍が占領していた南の島々では日本軍の「玉砕」が相次いだ。そのたびにラジオ（当時は日本放送協会＝現NHK）はまず緊迫した声で「臨時ニュースを申し上げます。臨時ニュースを申し上げます」と伝え、ついで「海行かば」のメロディーを流した。そしてその後、○○島で日本軍が玉砕し、全員戦死したことを伝えたのである。このようなニュースを幾度聞いたことか。日本軍は最後の玉砕攻撃に先立ち「海行かば」を合唱したことがあるという。また、特攻隊が出撃前にやはりこの歌を歌ったと聞いたことがある。この歌は実に多くの若者たちが天皇のために死に赴くよう背中を押したのである。

右記は一例だが、皇国史観の発展と極端化には多くの日本国民がかかわっていた。天皇だけの責任を問えば済むものではない。国民にも当然己の為したことに相応する責任がある。しかし、天皇には当時の日本社会の状況が分かっていたはずである。それだけに自らの言動、特に詔勅の渙発とそれに伴う国の諸方策が国民にどんな影響をもたらすか、見当がつかなかったはずはない。天皇に責任が無かったとは到底言えないと思うのである。

九、戦後における皇国史観の継承

皇国史観は、戦時中そのままではないにせよ、しぶとく生き残り、森元総理の「日本は天皇を中心とする神の国」の発言や安倍総理の「美しい国日本」、教育界での日の丸・君が代の強制などのかたちをとって現在に至っているように思う。先に述べたように戦前・戦中回帰の動きすら感じられる。

あまりにも自己本位で世の中全体のことを考えない現在の風潮が、天皇のもとでの「挙国一致」、「一億一心」、「滅私奉公」の終戦前を「古き善き時代」と錯覚させ、郷愁を誘うのかも知れない。しかし、これらがどんなに恐ろしいイデオロギーと結びついていたかを知ってほしい。現代の人はその「恐ろしいもの」についてあまりにも鈍感なのではないだろうか。それはこの時代の空気を体感したことのない世代の人たちには無理からぬことかも知れない。しかし、私としては戦争の時代のあり方の骨格の部分は決して認めたくないのである。

一〇、結び

「戦後改革」は米国主導で進められた。日本国民の内部にも、あまりにも悲惨な結果を生んだ戦争への反省から、国のあり方を見直す自主的な動きが始まった。しかし、占領軍による改革要求のペースはあまりにも速かった。国の基本法である憲法の改正について言えば、当初は日本側にその原案の作成をゆだねたが、内容のあまりな古さに業を煮やした占領軍は、自らの手で原案を作成することとし、僅か一週間で原案を作り、それをもとに新憲法草案を作り、国会に提出・審議するよう指示した。国会では若干の修正の後、可決された。一九四六年（昭和二一年）一一月三日公布、翌年五月三日から実施された。

アジア・太平洋戦争を行った国のあり方に問題があったことは、敗戦後、多くの国民が認めたところだが、人の頭の中がそんなに速く変わるはずがない。じっくり過去を反省し、改めるべき点を改めるには時間がかかる。憲法改正をはじめとする「戦後改革」はあまりにもハイペースで進められた。そのため大部分の国民にとっては内容を十分理解し、納得する前にことが決まってしまった。さらに「改革」（安保条約を含めて）には連合国、特に米国にとっての利害が強く反映されたことは当時の状況からして当然だった。「改革」内容に様々な不備・欠点が含まれていたことは否めない。

しかし、占領軍による改革には、戦時中国民を苦しめ抜いた様々な悪政の根拠を明確に否定するものが含まれていたことも事実である。主権在民、基本的人権の尊重など、戦時中を知る私たちにはかけがえのないものである。

「戦後改革」が含むこうした正負両面が現在も続く国論の不統一——改憲・護憲の対立に象徴されるような——の大きな原因となっていると思う。戦後はまだ終わっていないと言えよう。

それならば改めて国のあり方を根本から考え直すしかない。その場合、「戦後改革」、それを通じて形成された「戦後レジーム」が問題なのであれば、終戦前の国のあり方を改めて徹底的に検討することから始める必要があろう。「戦後改革」は、終戦前のイデオロギーのアンチ・テーゼの制度化としての性格をかなりの程度持つからである。この再検討に際し、アジア・太平洋戦争の時代、そして戦後の全く違う時代をともに経験した私の見解がいくらかでもご参考になれば、と思いこの拙い文章を書いた次第である。読み返してみて、押し付けがましい点が少なくなかったように思う。お許しをお願いしたい。

◇

もうすぐ広島原爆の日、長崎原爆の日、終戦記念日がやってくる。毎年のことながら、この季節には特別の想いが胸にこみ上げるのを禁じえない。戦後すでに六五年、いまなおあの戦争の総括が不十分なのでは死者たちは安らかに眠ることが出来ないだろう。追悼だけではなく、何故に彼らは死ななければならなかったのか、その根源を突き止めよう。そしてそこから得られる教訓を将来に活かすこと、それこそが、死者たちに対して我々が為しうる最高の慰霊であり、また務めだと思う。

（二〇一〇年八月二日記）

うた草稿——戦争を想起して八五歳頃詠んだ八首

お変わりございませんか。

さて先日、書斎で整理をしていましたら「うた草稿」と表書きした大封筒が見つかりました。中を見ましたところ短歌の下書きを記した紙が入っていました。いろいろな点から考えて、数年前、拙著『かえりみる日本近代史とその負の遺産』（寿郎社）の執筆を始めた頃かその少し前に書いたものだろうと思います。

お届けするのは押し付けがましいとは存じますが、もし私の想いをご理解くだされば嬉しいとの想いに駆られお届けした次第です。ご寛容のほどお願い申し上げます。

◇

若き日の戦争のことひた想う　八十路半ばのわれ今にして

わが手もて作りし爆弾抱えつつ　特攻に逝きし若き命ら
（学徒勤労動員の際呉の海軍工廠で特攻隊用の爆弾製作に従事）

フィリッピン、沖縄と敵迫り来る　次は本土と疑わざりき

当局の「一億玉砕」の声頻り　そを真に受けて覚悟せし日々

死屍累々　耐え難き死臭鼻を衝く　焦土と化せし広島の街

日本軍　アジアの民を幾千万　殺せし歴史忘るべからず

何故に国は進路を誤りし　生ある限り　我問い詰めむ

願わくは「戦中派」我ら語り継ぎ　国が正しき道を歩むを

（二〇一八年頃、知人に送付）

二〇一八年に送付した手紙1

寒くなりましたがお変わりございませんか。

さて、私こと二〇年前、頚椎後縦靭帯骨化症という難病にかかり手術を受けました。今から一三、四年前その後遺症と見られる症状が現われ、時とともに進行してきましたが、最近症状の悪化が著しく、いつまでもつか分かりません。

私は一九二六年（大正一五年）生まれ、アジア・太平洋戦争の敗戦時一九歳でした。当時私は広島にいて原爆を体験しました。社会人だった時の私の本業は理系の学問の研究・教育でしたが、八〇歳頃から日本の近現代史に強い関心を持つようになり、そちら関係の文献を読みふけるようになりました。そして文章を書き知人の方々に配ったり、会でお話をしたり、また本として出版したりしてきました。同封のもののうち、「改訂版　私の昭和二〇年八月一八日とその前後」（本書一二頁）は八年前に書き知人の方々にお配りしたものです。

「広島での被爆体験とそれから考えたこと」は三田地宣子さん（岩手大学名誉教授、岩手県ユネスコ連盟会長）に「つなげよう平和の心　第一集」に広島での被爆体験を書くよう依頼されて本年（二〇一七年）書いたものです（内容が重複するため本書では割愛）。

ここで私の想いを付け加えさせていただきたいと思います。

私たちは目前の出来事に心を奪われがちです。しかし、戦争を体験した私（九一歳）には、現在起こっている様々な出来事の根底に、アジアの近隣諸国の人たちに日本が与えた残虐な仕打ちへの怨恨感情が横たわっているように思えて仕方がありません。一般に加害者は己の加害を忘れ易く、被害者は加害者への恨みを長く抱き続けるものと思っています。慰安婦像についての韓国の方々のこだわりはその一つの表われではないでしょうか。

第二次大戦後の国の歩みについて日本とドイツがよく比較されています。三田地さんに依頼されて書いた文にも簡略に触れていますが、ドイツは誠心誠意謝罪と償いを行いかつての敵国と和解しＥＵの中心的存在となりました。

『私の「戦後70年談話」』（岩波書店）という本がありますが、その中で映画監督の山田洋次さんが次のように書いておられます。

戦後生まれのドイツのメルケル首相はアウシュビッツ収容所の解放七〇周年に合わせてベルリンで開かれた式典に出席し「アウシュビッツを私たちドイツ人は深く恥じます。人道に対する犯罪には時効はありません。過去を記憶し続けることは私たちの責務なのです」と述べている。ヒトラー時代に同盟国だった日本は、日本人と日本の政府はこの態度を謙虚に学ぶべきである。中国や韓国との関係改善はそこから始めなければならないだろう。思いやり、という言葉があるが中国人や韓国人の立場に、つまり相手の立場に立って考えてみればそれはすぐ判ることではないか、と少年時代を中国で育ったぼくは今思うのである。

ドイツでは加害の遺跡を国内に多数大切に保存していますが、戦後随分経ってベルリンの中心部にユダヤ人虐殺を想起させる広大な施設を建設しました。渕上吉雄さんは『外国の街角で日本を振り返る』（風詠社）でそのいきさつを記述しておられます。この施設の建設については一九九九年連邦議会で審議され、圧倒的多数で可決され、二〇〇〇年起工、二〇〇五年に完成したそうです。渕上さんはこの本の中で「東京のど真ん中に日本の侵略戦争と植民地支配の犠牲者を哀悼するための記念碑が国会の議決によって造られる日はいったいいつ来るのだろうか」と述べておられます。

私より若い世代の方々に今回お送りしたものが日本の進路をお考えになる際お役に立てば幸いです。

あとをよろしくお願いします。押し付けがましいことを行ったことをお許しください。

二〇一八年に送付した手紙2

※原文をかなり変更

ご無沙汰しておりますが、お変わりございませんか。

私は本年（二〇一八年）五月、九二歳になりました。以前から続いている頸椎後縦靭帯骨化症の手術の後遺症と思われる症状が時とともに進行しています。

残された時間の、おそらく長くないことを考え、私が今強い関心を持っていることについての私の考えを訴えたくなり、押し付けがましいと思いつつ、お送りした次第です。ご寛容のほどお願いいたします。

なお二番目の項目「持続可能な文明の構築」で扱った地球温暖化については、大気の二酸化炭素濃度が急速に上昇していること、それに伴って気温が上昇していることはパソコンで見ることが出来ます。

一、近隣諸国との和解と平和共存について

日本は明治以来対外膨張主義・帝国主義の道を進み、アジアの近隣諸国、特に朝鮮半島と中国の人たちに多大な苦痛を与えてきた。（詳細については拙著『改訂版　かえりみる日本近代史とその負の遺産』〔寿郎社、以下「拙著」と略称〕を参考にしていただきたい。）終戦前の国の歩みを正当化したがる「日本会議」の人々もある（安倍首相もその一人）。しかし私は一九二六年（大正一五年）生まれ、十五年戦争の時代を生きその時代の空気を肌で感じた経験を持つ。また拙著を書くために多数の文献を読んできた。到底日本会議の人たちのような意見に同意することは出来ない。武力を背景になされた強引な韓国併合、三・一独立運動に対する残虐な弾圧、関東大震災の際の在日朝鮮人の大量虐殺、中国に対する長期、広範な地域への侵略と膨大な数の中国軍人と一般住民の残虐な殺害、中でも中国その他のアジアの民族の人たちを捕えてマルタと呼びモルモットのように実験で殺害した七三一部隊の所業など、アジアの近隣諸国の人たちへの残忍な行為は枚挙に暇がない。

終戦後一部の責任者は「戦犯」として処刑された。しかし、日本の侵した罪はそれで償え

るほど生易しいものではない。ただ、ある程度は隣国に対する加害責任を認めて謝罪し、罪を償う努力もしてきた。

①細川首相の所信表明　一九九三年（平成五年）、非自民・非共産の連立政権の細川護熙首相は国会の所信表明演説で「過去の侵略行為や植民地支配が多くの人々に耐え難い苦しみと悲しみをもたらした」ことについて反省とお詫びの気持ちを表明した。

②村山談話　一九九五年（平成七年）、自・社・さきがけの連立政権の村山富市首相はいわゆる「村山談話」を閣議決定し、「……植民地支配と侵略によって多くの国々とりわけアジア諸国の人々に多大の損害と苦痛を与えた……ここにあらためて痛切な反省の意を表し、心からのお詫びの気持ちを表明いたします……」との趣旨の談話を発表した。

③河野談話　一九九一年（平成三年）、韓国の金学順（キムハクスン）という女性が日本軍の「従軍慰安婦」だったと名乗り出、同年他の二人の元慰安婦とともに日本の責任を追及し東京地裁に提訴した。これを受け自民党宮澤内閣の河野官房長官は従軍慰安婦について広範な地域を調査し大要以下のような談話を発表した。

「慰安婦を集めるに当たって本人の意思に反して行われた場合が多数あり、慰安所での生活は強制的な状況の下での傷ましいものであった。……いわゆる従軍慰安婦として数多くの苦痛を経験され心身にわたり癒しがたい傷を負われたすべての方々に対し心からお詫びと反省の気持ちを申し上げる」

④アジア女性基金　一九九四年（平成六年）、自・社・さきがけの連立政権（首相村山富市）は河野談話を受けて「アジア女性基金」という方式で慰安婦問題を解決しようとした。

i　元慰安婦の人たちに国民から募金した償い金と政府が支出した医療福祉支援金を支出する。

ii　総理大臣の署名したお詫びの手紙を個々の元慰安婦の人たちに届ける。

iii　上記を実施するための経費はすべて国が負担する。

それまでの歴代の内閣は、韓国との賠償問題は一九六五年（昭和四〇年）の日韓基本条約、日韓請求権協定で決着済みとしてきたため村山内閣は前記の処置を法的なものではなく道義的なものとした。

上記に対する反応は個人により国（中国、北朝鮮は対象外になった）によりまちまちだった。多くの慰安婦を連行された韓国の強力な民間団体は「慰安婦制度は日本国軍が設けたものであるから日本国家として謝罪・賠償すべきだ」と主張した。国際社会でも日本のやり方は不十分、との声が挙がった。ただ、日本では右派の勢力が強く、村山内閣の処置が精一杯だったとも見られる。事業は一二年間継続、アジア女性基金の呼びかけに応じた元慰安婦は合計三六四人だった。(追記　慰安婦の総数は知らない。しかし上記の数が全体のごく一部であったことは確かである。)

上記のように日本は過去の加害に対しある程度の謝罪や償いをしてきた。しかし、過去に近隣諸国に対して行った加害の大さに比べるとあまりにも不十分であった。

ナチス・ドイツが膨大な数のユダヤ人を殺害したことはよく知られている。渕上吉雄『外国の街角で日本を振り返る』(風詠社)という本がある。この本にはベルリンのホロコースト警鐘碑のことが記してある。その記述によれば、一九九〇年代、ナチス・ドイツが虐殺したユダヤ人たちを想起し後の戒めとする施設を造成しようとする動きが国民の中に起こり、一九九九年の連邦議会で審議し圧倒的多数で造成が可決され、二〇〇五年完成した。場所はベルリン中心部、面積は約一ヘクタール、墓標を想像させるような物体が延々と連なっている。地下には展示室があり、そこでは言葉によってユダヤ人の大量虐殺が想起出来るようになっていると言う。

安倍首相は韓国の日本大使館前の従軍慰安婦像の撤去を要求している。過去の加害に対する認識の日独の違いの大きさを嘆かざるをえない。

私の願うことは、日本がアジアの近隣諸国に対し過去に行ってきた加害に対しもっと誠心誠意謝罪し、償いを行い、真の和解を実現することである。今、北朝鮮を問題にする時、必ず取上げられるのは核兵器と拉致の問題である。米国は自らは大量の核兵器を持ち、かつて広島、長崎に投下し膨大な数の市民を殺害した。その米国の大統領トランプが自国の核兵器保有は正当化し北朝鮮には核廃棄を迫る資格があるだろうか。拉致は勿論よくない。しかしこの問題を取り上げる時、過去に日本が朝鮮半島を植民地化し非人道的な統治を行った加害の数々も考慮し、その全体の中で拉致の問題への対処を考えるべきだと思う。

一般に加害者は己の加害を忘れやすく、被害者は己の被害を忘れがたい。

伊東秀子『父の遺言』（花伝社）という本がある。著者の友人には中国の女性日本語学者があり、その本には彼女からの手紙が引用されている。そこには、一般の中国国民には祖父母や親を日本軍に殺され辛い人生を送ってきた人が多数あること、日本軍のトーチカなど日本軍が中国を侵略した時の遺物が多数残っていること、彼女は上からの指示で日本語の勉強を始めたのだが反日感情を持つ親類から強い反対を受けたことなどが説得力を持って記されている。また、別のいくつかの本には、中国の広大な地域に日本軍が埋めた毒ガスが存在すること、その除去に日本が非協力的であることが記されている。

要するに、日本は近隣諸国に対する過去の加害に対し責任を殆んど取っていない。そのことがアジアの近隣諸国との和解を実現しえず、アジアで孤立し、ひたすら米国との軍事的提携を拡大・強化し、アジア・太平洋戦争末期、本土の盾となって甚大な被害を受けた沖縄に膨大な米軍基地を押し付けるという結果を招いているのである。こうした国の歩みは明らかに誤っている。日本の進むべき道はアジアの近隣諸国に対し誠心誠意過去の加害に対する謝罪と償いを行い、真の和解を達成し、東アジア共同体とも言うべきものを造り、米国の軍事力への依存を縮小し、沖縄の米軍基地の縮小・廃止を目指すことである。そのためには明治以降の国の歩みについて正しい認識を持つ必要がある。ドイツのヴァイツゼッカーが「荒れ野の四〇年」で述べたように「過去に目を閉ざす者は現在にも盲目になる」からである。

上記の私の考えに対し「自虐的」と非難する人もあるだろう。

しかし、十五年戦争の時代の日本社会の空気を肌で感じた経験を持ち、広島で被爆し、拙著を書くために膨大な数の文献を読んだ私の考えが間違っているとは思わない。

身びいきで日本の過去を正当化したがる人々に言いたい。戦時中、日本の国家権力は神である天皇のために死ぬことは最高の名誉として国民を消耗品のように使い捨てたのである。元陸軍大尉で中国との戦争を経験し、戦後東京大学で学んで歴史学者となった藤原彰は、自国から人権を無視された日本の軍人が敵国の人々の人権を尊重するはずがない、と書いていたのを覚えている。まことにそうだろうと思う。

先に述べた近隣諸国との和解が容易でないことは分かっている。それは過去における加害があまりにも大きく深刻だからである。しかし、正しい歴史認識に立ち誠心誠意努力するならば、ドイツのようにかつての敵国と和解できると思う。国会での決議により、過去の植民地支配、侵略の犠牲者に対する謝罪と追悼を表現する施設が東京の中心部に設置されることを望んでやまない。そして慰安婦像を国会の建物の中に設置し、誤った過去を想起し再び国の進路を誤らないための戒めとしたらどうだろう。現在の国会議員の浅薄な歴史認識を考える時、それは無理だとは思うが。ただ、このままだといつまでもアジアの隣国と和解できず米国に追随する状態を脱しえないことは確かである。

二、持続可能な文明の構築について

現在、大気中の温室効果ガス、特に二酸化炭素の濃度が年々着実に増加し、それに伴って温暖化が進んでいる。温暖化が進むと気象変動が大きくなり、異常気象による災害が多発することは以前から予言されていた。最近（二〇一八年七月）広島県などで多数の死者を出した水害、本州の異常な高温などは予測されていたことの現実化と言えよう。テレビを見ていたらヨーロッパその他の諸地域でも異常な高温が起こっているという。これらは現代文明の根本的な見直しを迫っていると言えよう。

全人類は地球という同じ船に乗っている運命共同体である。温暖化の急速に進んでいる現在、国間、民族間で争っている余裕などないはずである。対立の根源を平和的な方法で消去し、協力して温暖化問題の解決に当たろう。

三、原爆について

井上ひさしの『父と暮らせば』（新潮文庫）という本がある。これは舞台劇用に書かれたものだが、はじめに「前口上」が記されている。この中で井上さんはアジア諸国への加害の認識が重要なことを認めつつ、広島・長崎に投下された原子爆弾は日本人の上に落とされたばかりではなく人間の存在全体に落とされたものと考える……と記している。

私は広島高等師範学校付属小学校で少年期を過ごした。この学校では一クラス四〇人余、男女共学で六年間大久保馨という一人の先生が担任だった。そうしたことからクラスメイトは相互に親密で卒業後もしばしば集まりを持ってきた。一九九八年「大久保馨組の昭和二十年八月」というクラスメイトの文集を作成した。そこには各人の被爆体験が生々しく記されている。肉親を失った人も多く、また放射能による後遺症に悩まされた人も多い。その中に岸本量子さんが一九八七年（昭和六二年）に書かれた文章が掲載されている。

「大久保馨組の八月」　岸本量子

八月六日のあの日、お家の炊事場で旅の汚れを落としていた時、五寸程開いた裏木戸の間からボッという異常な破裂音と共に、ガスの火のような青い炎がメラメラと左腕を這い、左顔に異常な焼きつくような熱線を浴びました。筋肉の焼ける臭いと同時に太陽が落ちたかと錯覚するような眼も眩むばかりの白光の放射能線を頭から浴び、左顔と左腕とに大火傷を負ったのです。

私は瞬間しっかり目をつむり、キャッと悲鳴を挙げ、洗面台を後ろに二、三歩逃げた時、炊事場のコンクリートの壁が爆破され、コンクリートの大きな塊が幾つも、頭といわず背中といわず擲りつけるように落下して来て、私は其の場に昏倒と同時に家屋が倒壊したらしく、私は木材や瓦礫の下敷きになり生き埋めとなりました。

「量子！　量子！」

と叫ぶ父の声が聞こえます。私は必死の思いで、

「お父さん！　量子はここですよ。」

と声を限りに叫んで救いを求めました。父は私の声を頼りに救出作業に取りかかったようですが、どうやら父の足が私の背中とおぼしき辺りに在るようで、其の為に私の埋まっている周囲が崩れ、瓦礫や木片が私の体をかみます。私は驚いて、

「お父様の足が私の背中の上にのっていますよ。」

と叫びますと、

「お父様、貴方の足の下に量子がいるそうです。」

という母の落ち着いた声が聞こえ、

「オッ、そうか。」

という父の声と同時に父は飛びのいたらしく私の背中の重みはすっと軽くなりました。父は余程焦っていたらしく、下から木片や瓦礫の障害物をこじり出しているようで、ざらざらと物の崩れる音が聞こえます。母のしっかりした声が
「お父様、上から一枚一枚取り除いて下さい。そうしないと量子が怪我をします。」

と聞こえて来ます。間もなく私は掘り出され、父の笑顔、末弟の
「姉ちゃん!」

の一言、母の涙の顔に取り巻かれました。母はと見ると、石槌大権現様の木のお札

を大切に抱きかかえ、

「量子！　貴女の背中の上にこの木のお札が乗っていたのよ。」

と嬉し涙を流しています。石槌さんが救って下さったのだと心の底から感謝しているようです。このお札は二階のタンスの上に安置してあったのですから、階下で生き埋めになっていた私の背中に乗っていたという事も、あの難聴の私が一尺下から父の声を聞き、自分の生き埋めになっている地点を知らせる事が出来たという事は、とても不思議なことなのでした。私の埋まっていたすぐ傍からもうブスブスと煙が立っています。それを見て、ああ私は救われたという感慨を深くしました。掘り出されて周囲を見廻すと、一望千里建っている建物という建物はすべて倒壊して、遠く高い高い煙突のみが一本立っているのが見えるのでした。

「さ、早く逃げましょう。」

という母の声に促されて、私共四人は、倒壊した家屋の山のような木片を乗り越え乗り越えして五間道路に這い出しました。どこからもかしこからも、大勢の人が倒壊した家屋の下から這い出して来ます。

「皆、観音町に避難せよ！」

と警防団員の人達がメガフォンで叫びます。誰を見ても爆風で露出した皮膚が裂け、その裂けた皮膚がぼろぎれのようにぶらさがっています。私の火傷は今は火ぶくれになっています。そして黒いサージのもんぺの左腰の辺りがぼろぼろと焼け落ちているのに、その下につけていた白いキャラコのシミーズは無事で、そのお蔭で左腰は火傷をまぬがれていたのでした。空は一天かき曇り、黒い松やにのような小指の指頭大の油の塊が降ってきます。硝子の破片で血まみれになっている人、死の灰をかぶって、まるでセメントの粉袋から這い出して来たような人、私もそうだったのですが……。

観音町で行列して次の指示のあるのを待っている時、後ろにいた少女が冷たいトマトを一つくれました。それを食べ、暫くすると私は気が遠くなり、その場に座り込みました。「お姉ちゃん！　しっかりして！」という近所の若奥様の声をかすかに聞いたように思いますが――。それから突然苦い胃液を多量に吐き、それから意識がはっきりして来ました。後から後から続々と避難民が――。子供を柱と小屋との間にはさまれて出すことが出来ず、猛煙の中において来たという半狂乱の若い母親。そして中でも中年の婦人の悲しみに満ちたお話は、東條に対する憎しみをいやが上にも募らせたことは事実です。私の両親は東條政権を批判して憲兵隊で「非国民」と罵倒されていますから。

その婦人のお話とは、

「娘が梁の下敷きになって腸が飛び出しました。私と小さい息子とでは到底救い出すことは出来ません。そうこうしていますうちに火の手が迫って来ます。私は娘に申しました。『今、貴女を救い出せても腸が飛び出しているから、とても生きる事は出来ないから――。』

息子は、『姉ちゃん、お母さんと僕とを逃がして！』と申しました。娘は『いいわ。じゃあお母さん。この世の別れに今一度私の手を握って頂戴！』私と息子とは代わる代わるしっかりと娘の手を握りしめました。そして、『じゃあ、さようなら』と言って逃げようとした時『お母さん！　お母さん！　あんたは薄情な人やね。私を見殺しにして逃げるのん！』と娘は絶叫しました。そういう訳でわたしはどうにも諦めがつきません。」

とおっしゃって泣かれました。私も母も悲痛な思いでした。夜が来ました。私共は観音町の畠の中に蚊帳を吊ってござを敷き、まんじりともしませんでした。遠く広島市内は地獄の業火が燃え上がっております。その中を人々の逃げまどう阿鼻叫喚の声が聞こえるようで、私は思わず耳を塞ぎました。

其の頃から私は高熱が出て、何ともいえない不快感に苦しみました。夜が明けました。広島市内の火はまだ燃えています。私の火傷は崩れ出し、膿が出始めました。皆、五日市の小学校の講堂に収容するという指示があり、父が貰って来てくれた藁草履をはいて、炎天下のアスファルト道路を大勢の難民と一緒に五日市へ向かいました。五日市の講堂はもう火傷の負傷者で一杯でした。ひどい悪臭と火傷に苦しむ呻き声に満ちていました。

陸軍の兵隊が駐屯していて、五日市小学校の講堂の傍に大きな穴を掘り、そこで毎日出る死体を焼いています。講堂のステージには祭壇が設けられ、そこに毎日僧が来て読経して行きます。その声もどうしようもない程暗いものでした。私は母に連れられて救護所に行き、右手の拇宮に突き刺さった一升瓶の口の破片を錆びた糸切り鋏で切り取り、爆風で裂けた皮膚を全部処理してオキシフルで消毒して頂きましたが、その痛みは大変なものでした。私共は近在の農家に分宿させて頂き、冷たい井戸水で火傷に冷湿布を致しました。この世のものとも思われぬ激痛も、この冷湿布で不思議な位鎮痛するのです。四十一度八分という高熱で母は私の看護で大変だったと思いますが、三十秒おきに冷湿布をとりかえてくれました。夜になると漆黒の町の上空を、B29が赤いテールランプを輝かせて我が物顔に飛行します。青い蚊帳の中で、母は時々私の火傷を暗いので月の光にすかして見てくれるのです。

普通食は全然うけつけてくれません。食欲のないその二週間、のどを通るものといえばトマトだけでした。カリカリに乾いたのどを潤してくれたのはトマトでした。このトマトが私の回復に大変幸いしたと思います。冷湿布とこのトマトのお蔭で私の火傷は奇跡的に癒え、ケロイドにもならず元のすべすべした肌にかえったのですが。併し、八年後に原爆放射能ガスによる精神分裂症に罹患したことを思えば、決して喜んでばかりはおれないのです。このような療養の効能は枝葉末節的なことであり、核廃絶こそが私の悲願です。

八月十五日が訪れて来ました。其の日、しんと静まり帰った田園の昼下がり、重大放送があると伝えられ、皆何事かと緊張してラジオに耳を澄ましました。天皇陛下の重々しい玉音が流れて来ます。難聴の私に母は終戦になったことを知らせてくれました。廃墟になった日本を思う時、いよいよこれからが大変だという思いで一杯でした。

私の幻聴は昭和二十八年以後、未だに続いておりますし、もう一生治らないのではないかと思っております。若し原子爆弾が落ちていなかったら、私の運命も大分変わったものになっていた事だろうと思います。同様なことは広島市民、長崎市民みんなに言えることと思います。死ぬまでこの悲劇の十字架を背負わされるのでしょう。あの悲惨な悪夢のような投爆の日から五十余年、いままた、核の問題がクローズアップされておりますが、（最近核廃絶の方向へ向かい、僅かながら曙光がみられますが）こんな理屈にもならない理屈はもう結構です。とにかく理屈抜きに世界が仲良くして、我ら「人間家族同種民族」を標語に離れ難く、分かち難き兄弟姉妹と思い、愛し合っていきたいものです。今程政治に愛を謳われなければならない――はないと思います。全人類は混血民であり、太平洋一環皆アジアの兄弟であると人類学者（中国の某博士）は申します。誤れる民族主義を排し、全人類お互いに愛し合って生きたいものと思います。全世界がお互いに平和を愛し、理屈抜きに相愛してゆくならば、いかばかり喜びの実がたわわに実り、幸せは地に満ちることでしょうか。世界の政治家が迷妄を去り、愛の政治に目覚めてくれる事を私は天を仰ぎ、地に伏して祈っております。こんな事になるまでに日本は和睦の方法もあったと思いますが、「軍人の硬い頭では政治は分からない」と東條政権を批判していた亡父の言葉を今繰り返し思っております。この原爆で、従妹は昭和二十年八月十六日に全身火傷で亡くなりましたし、広島高師附小、昭和高女、広島第一県女の恩師、クラスメートも被爆で多数亡くなられ、寂しさ、憎さこの上もありません。心で慟哭し、ご冥福を祈り、この犠牲を無駄にする事のないようみんなで仲良く平和を守るよう、この書を living will（生前遺書）としたいと切に願います。

（一九八七年〔昭和六二年〕寄稿）

この文章を書かれた岸本量子さんは後に精神病院に入られ、そこで人生を終えられました。

広島には広島平和記念資料館があります。私も三〇年ほど前に見に行きました。そこには原爆で変形したガラス瓶や焼け瓦などが陳列されていたように記憶します。この施設の方々には敬意を抱きます。しかしそれらの陳列物ではとても原爆により引き起こされた凄惨な状況を生々しく想像することは出来ないと思いました。原爆投下は絶対悪です。

II

〔講演〕岐路に立つ日本
——日本会議の主張する道を進むか、それと対極的な道を進むか？

「琴似9条の会」講演会　二〇一七年三月一八日
於・札幌西区民センター

※「琴似（ことに）」とは札幌市西区の町名、玖村の居住地
※文中の「資料」とは講演時に配布した冊子。本書では「資料」中の図表は文中に入れ、それ以外は一部修正を加え一二四頁以降に掲載した

玖村でございます。本日はお忙しい中、ご来場くださいましてありがとうございます。始めに簡単に自己紹介させていただきたいと存じます。

私は一九二六年（大正一五年）生まれで現在九〇歳（二〇一七年当時）でございます。記憶しているのは、満州事変、日中戦争、アジア・太平洋戦争、いわゆる十五年戦争の時代と戦後の七一年です。終戦は一九歳の時でございました。

本日「岐路に立つ日本」という題で話をさせていただくのは、日本が今、国の歩みの岐路に立っていること、そして一旦進路を誤るとすぐに破滅することはなくても、長期的に見ると惨憺たる結末に陥ることを身をもって痛感しているからでございます。そしてこれからお話しすることは憲法九条の問題とも密接に関連していると思うからでございます。

私が八〇歳頃になった時、過去を振り返って最も痛切な記憶として思い出されたのは一九歳の時のことでございました。終戦まぢかのこの頃、国の権力者たちは本土決戦・一億玉砕と叫び世の中は異様な空気に包まれておりました。そして私は広島で原爆を受け、数々の凄惨な光景を目にしました。また、長い間放射能障害に苦しめられました。私の本業は理系の学問をすることでしたが、お話ししたような体験が契機となって、八〇歳頃から日本の近代史関係の本を読み、近代において日本が行ってきたこと、それが現代にどんな影響を及ぼしているかをまとめ出版したのが『改訂版　かえりみる日本近代史とその負の遺産』という本です。自己宣伝めいてお恥ずかしいのですが、私の知る限り日本近代史の総体を扱った単行本を知りませんのでお役に立つかも知れないと思いお回しします。

この本を書き上げた後も同じテーマにこだわり続け、まだ読んでいなかった本や新しく出版された本を読み、後の世代の方々に訴えておきたいと思うことがいろいろと出てまいりました。そこで「琴似9条の会」のIさんのご依頼に応えて本日話をさせていただくことになった次第でございます。「国の歩みの岐路」という言葉を使いましたが、そのひとつの道は現在の政権に強い影響力を持っている「日本会議」、「日本会議議員懇談会」の主導する道です。もうひとつはそれと殆ど真反対の道です。

まず「日本会議」の由来からお話ししたいと存じます。お配りした資料の図（本書九五頁＝日本会議にいたる主な関係組織の系譜）をご覧ください。詳しくお話しすると大変込み入ってきますのでごく大雑把に説明しますと、神道系の各派が結集しそこに若干の仏教系の人たちが加わって作った「日本を守る会」と右派の財界人、文化人、知識人が中心になって作った「日本を守る国民会議」が主な源となって出来たのが「日本会議」です。図には「生長の家」という流れが表示してありますが、これは谷口雅春が一九三〇年（昭和五年）に設立した新興宗教の集団です。この集団は戦時中右翼として活動していましたが、戦後かなり経って政治活動から身を引きました。しかしこの教団の思想の影響を受けた人たちがかなり日本会議に入り活動しているようでございます。また、図では神道政治連盟も日本会議に流れ込んでいるように書いてあります。しかし神道政治連盟という独立した組織は今もあります。ただ、その会員で日本会議にも加入した人はたくさんいるようです。図はそのことを示しているのかと思います。

日本会議の会員数は約三万八〇〇〇人だそうです。国会議員の中にも日本会議に属する人は多く「日本会議議員懇談会」というグループを作っています。人数は約二八〇名、多く

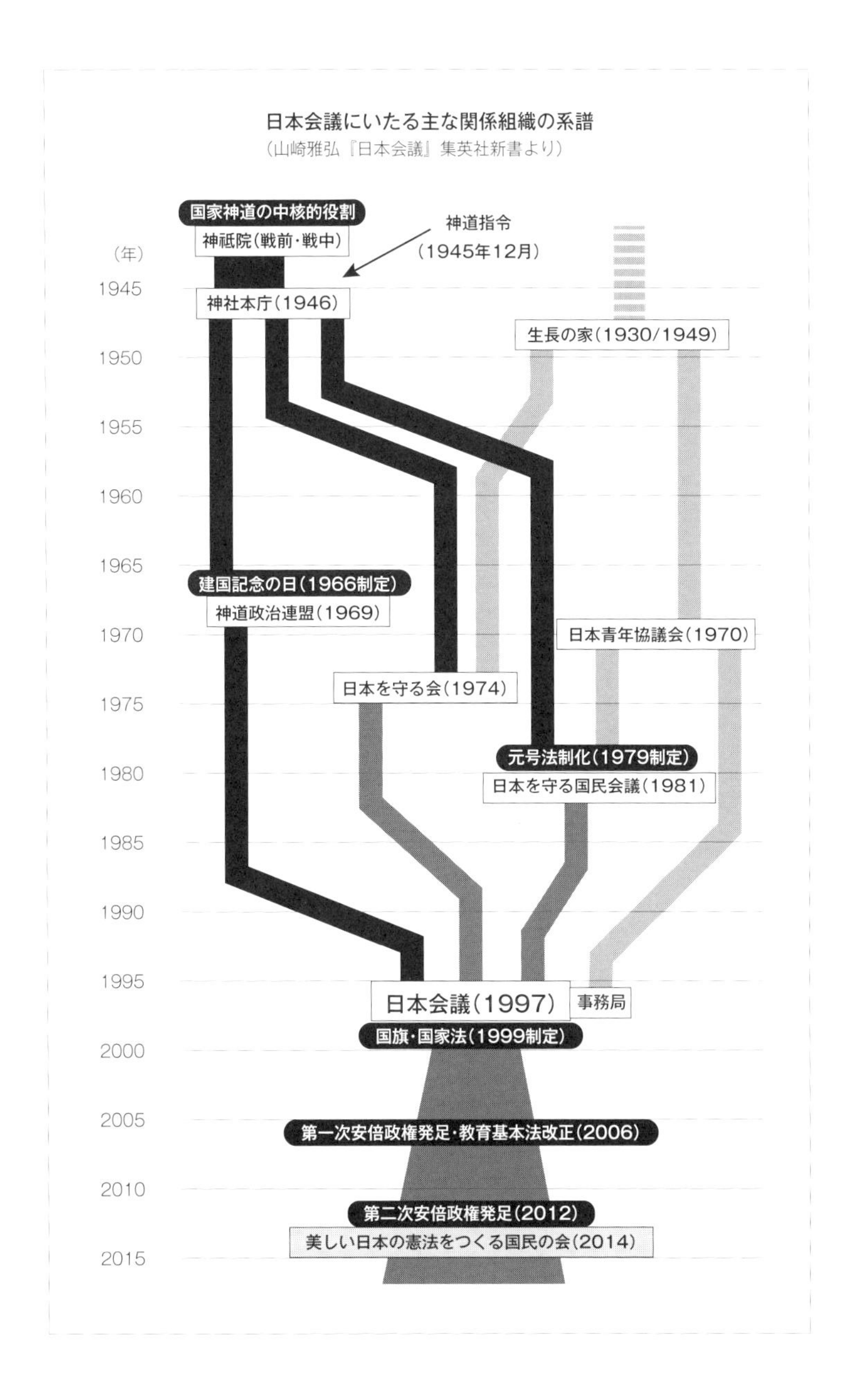
日本会議にいたる主な関係組織の系譜
（山崎雅弘『日本会議』集英社新書より）
国家神道の中核的役割
神祇院（戦前・戦中）
神道指令
（1945年12月）
（年）
1945
神社本庁（1946）
生長の家（1930/1949）
1950
1955
1960
1965
建国記念の日（1966制定）
神道政治連盟（1969）
1970
日本青年協議会（1970）
日本を守る会（1974）
1975
元号法制化（1979制定）
1980
日本を守る国民会議（1981）
1985
1990
1995
日本会議（1997）
事務局
国旗・国家法（1999制定）
2000
2005
第一次安倍政権発足・教育基本法改正（2006）
2010
第二次安倍政権発足（2012）
美しい日本の憲法をつくる国民の会（2014）
2015

は自民党員です。安倍首相そのものがこの会に属し、資料（本書一一九頁）にあるようにかなりの会員が安倍内閣に入閣しています。

次に日本会議の人々がどんなことを主張しているかを見ていきたいと思います。まず資料の表（本書九七頁＝日本会議による運動と課題別系列組織）を見てください。上から三番目の欄の歴史認識の欄が略した記述になっていて分かりにくいかと思いますので補足します。「アジア解放戦争」というのは、現在、アジア・太平洋戦争と呼ばれている戦争が、欧米の植民地となっていたアジアの諸地域を解放し、独立させるための正義の戦いであった、というほどの意味だと思います。「強制連行否定などの観点の普及」とあるのは、朝鮮からの「従軍慰安婦」、中国・朝鮮からの労働者の強制連行の否定のことを意味しているのだろうと思います。また、靖国神社を重視すべきことが書いてあります。靖国神社は天皇のために死んだ人を祀る神社で、戦時中は天皇のために死ぬことは国民の義務でありまた最高の名誉、という理屈でそれを推し進める役割を果たしていました。この神社の境内には遊就館という施設が設置されていますが、私が約三〇年前に訪れた時、展示物やその説明は過去の戦争を悉く正当化するもので、まるで戦時中に逆戻りしたようで唖然としたことを覚えております。

日本会議による運動と課題別系列組織（日本会議の名前で行動する場合もある）
（上杉聰『日本会議とは何か』合同出版より）

	運動目的	課題別系列組織
1　天皇崇拝と制度強化	建国記念の日等の奉祝、女性〈系〉天皇反対、天皇「元首」化	日本会議
2　憲法改正	９条の削減はじめ明治憲法化、家族主義・緊急事態条項等新設	美しい日本の憲法をつくる国民の会、民間憲法臨調（「21世紀の日本と憲法」有識者懇談会）
3　歴史認識	皇国史観、東京裁判否定、アジア解放戦争、強制連行否定などの観点の普及	日本会議、日本教育再生機構（教科書改善の会）
4　教育	育鵬社・明成社教科書の作成・普及、道徳教育強化、教育制度の権力化	日本教育再生機構（教科書改善の会）
5　靖国神社	首相・天皇の公式参拝実現、無宗教の追悼施設建設と厳密な政教分離に反対	（英霊にこたえる会）、日本会議
6　人権	家制度の保護、夫婦別姓・外国人参政権・人権侵害救済法等反対、拉致被害者救出	日本女性の会、日本会議
7　領土	尖閣諸島防衛、竹島・北方領土の返還	日本会議
8　国防安保	安保法制実現、自衛隊の国防軍化、辺野古への基地移設推進	日本会議

＊他に、目的実現のための議員・首長組織として以下のものがある
――日本会議国会議員懇談会（会長・平沼赳夫、約290人）
――日本会議地方議員連盟（約1860人）
――教育再生首長会議（市区町村長約90人）

次に資料の三頁（本書一二七頁）を見てください。「教育関連の運動」の中に「自虐的」という言葉がありますが、これは近隣諸国への加害を認める人たちを罵倒する時に右翼の人たちがよく使う言葉です。この頁に掲げてある主張や先ほどの表を見ると日本会議の人たちの考えの大筋をご理解いただけると思います。要するに過去における近隣諸国への加害を認めず、過去の自国を正当化する。そのようなイデオロギーに立脚して憲法の改正、靖国神社の重視、軍事力の強化とその役割の範囲の拡大、教育の制度・内容を変えていこうと

しているのです。そしてそれをもって国を愛することと考えているのだと思います。

次に私の考えを申し上げたいと存じます。今、「私の考え」と申しましたが同様の考えを持っておられる方はたくさんいらっしゃいます。

まず、事の順序として日本近代史をごくかいつまんでお話ししたいと存じます。詳細については先ほどお回しした本を読んでいただければと思います。

一八八九年（明治二二年）大日本帝国憲法が発布されました。一八九〇年（明治二三年）時の首相山県有朋が「外交政略論」という文書を発表しました。その要旨は、資料にあるキーになる事項の①（本書一二六頁）に記しておきました。読んでみましょう。

これがその後の対外膨張主義・帝国主義という国の歩みの出発点となったと考える学者が少なくありません。日本はまず朝鮮への支配力を強めるため、日清戦争（一八九四—一八九五年（明治二七—二八年））、そして日露戦争（一九〇四—一九〇五年（明治三七—三八年））の両戦争を行い、朝鮮（韓国）への清国・ロシア両国の影響力を排除し、第一次（一九〇四年（明治三七年））から第三次（一九〇七年（明治四〇年））までの三つの「日韓協約」で次第に韓国政府の主権を奪い、一九一〇年（明治四三年）ついに併合して植民地としました。

これに至るまでの日本の強引なやり方や併合後の武力を背景にした植民地統治が朝鮮の人々に強い反感を生むことになりました。以後、第一次世界大戦、満州事変、日中戦争――当時は支那事変と呼びましたが――と続き、領土や支配地域を拡大し、また、対戦した国の利権を奪ってきました。満州事変は当時日本の支配下にあった南満州鉄道を一九三一年(昭和六年)九月、日本軍が柳条湖で爆破し、それを中国軍の仕業としてそれを口実に中国東北部を占領し、地元民の自主的な運動の結果という名目で「満州国」を作りました。国の元首には清朝最後の皇帝で革命により帝位を失った愛親覚羅溥儀(あいしんかくらふぎ)を就かせました。しかし、政府各部門の実権は日本人が握り、満州国は日本の傀儡国家でした。

日中戦争も基本的には日本の対外膨張主義・帝国主義から起こったものです。参考文献Ⅱ(本書一二四頁)には日中戦争の実情を書いたものが多く含まれていますが、日本軍が中国の軍人ばかりではなく一般の人々に対しても著しく残虐なことをしたことが生々しく書かれています。私がとりわけひどかったと思っているのは七三一部隊のやったことですが、せめて①だけでも読んでいただければ、と思っています。

米国は日本の中国侵略に強く反発し、一九三九年(昭和一四年)日米通商航海条約の打ち切りを通告してきました。この効力は六カ月後に発生、当時日本が米国に大きく依存していた石油やガソリンの輸入が出来なくなりました。また、米国は中国から日本軍を撤退させることを要求してきました。これに対し当時の近衛文麿内閣の陸軍大臣東条英機が猛然と反発し、「多大の犠牲を払った支那事変(日中戦争の当時の呼び名)の成果を無にするものだ。満州、朝鮮も危うくする。撤退は退却です」と述べたとのことです。当時の陸軍では退却は絶対に許されないことだったようです。

一九四〇年(昭和一五年)七月、ドイツおよびイタリアとの同盟を結び「枢軸国」を形成しました。後に枢軸国に対抗して戦った国々を「連合国」と呼びました。一九四一年(昭和一六年)一〇月、近衛文麿内閣は総辞職し、米・英との戦争に積極的な東条英機を首相とする内閣が成立しました。

一九四一年一二月八日、米、英、オランダなどの領土を含む南太平洋の島々やアジア大陸南部の諸地域にいっせいに攻撃を始めました。政府は中国との戦争を含むこの戦争を「大東亜戦争」と呼ぶことに定め、アジア諸地域を欧米の植民地から解放し「大東亜共栄圏」を作るための戦いと称してこの戦争を正当化しました。当時の日本の国家権力は己に都合の悪いことは隠し、都合のよいことばかり強調していましたが、アジアの人々を欧米の植民地支配から解放する、との政府の言い分は多くの日本国民に説得力を持ち、知識人たち

アジア・太平洋戦争関係地図(江口圭一『十五年戦争小史 新版』青木書店より)

にも共感する人たちがたくさん出ました。

しかし、資料のキーになる事項②（本書一二六頁）に記してある文章を見てください。これは一九四三年（昭和一八年）五月の御前会議で決定された「大東亜政略指導大綱」の要点です。これを読むと広大な地域を日本の領土とすること、このことは当分外部に発表しないことが書かれており、美辞麗句をつらねて戦争の正当性を強調したのも表向きの言い分で、この戦争も対外膨張主義、帝国主義路線の延長線上にあるものでした。

戦争の経過を略述しますと、開戦当初は破竹の勢いで太平洋の島々とアジア大陸南部を占領しました。こうして資料の地図（本書一〇一頁＝アジア・太平洋戦争関連地図）に示されているソロモン諸島やニューギニア島を最前線として戦うことになりました。しかし、食糧、兵器の補給が困難だったため多くの餓死者を出しつつじりじりと押し返されるようになり、その勢いは加速度的に速まりました。一九四五年（昭和二〇年）三月末、米軍は沖縄への攻撃を開始、圧倒的な兵力で日本軍を攻撃、六月二三日、日本陸軍の司令官や首脳が自決しました。この戦争で多数の沖縄県民が犠牲になりました。また、多数の若者たちが九州の基地から航空特攻隊員として沖縄に向かい痛ましい戦死をしました。たのみにしていたドイツは五月七日降伏しました。イタリアは一九四三年既に降伏していました。

本土では、「本土決戦」、「一億玉砕」というスローガンが叫ばれ、異様な空気に包まれていました。しかし、日本の多くの都市が爆撃により焦土と化し、八月六日に広島に、八月九日に長崎に原爆が投下され、八月九日ソ連が満州国に攻め込み、満州国は一気に瓦解しました。多くの在留邦人が殺害され、強姦され、また自決しました。ここに至って一九四五年(昭和二〇年)八月一四日、ポツダム宣言——主要連合国が作成した日本の降伏条件——を受け容れ連合国に降伏しました。翌日、昭和天皇のラジオ放送によりそれが国民に知らされました。

ここで満州事変からアジア・太平洋戦争敗北までの時代に私が肌で感じた日本社会の空気について述べさせていただきたいと思います。

日本の国家権力や多くの民間人は、日本は世界にただひとつの「神国」であり、それ故「万邦無比(ばんぽうむひ)」であり、ヤマト民族は他に優越する、としていました。それは中国や朝鮮の人たちを軽蔑することとつながっていました。

政府は自らに都合の悪いことは国民に知らせず、言論の自由も思想・信条の自由もなく、郵便物は検閲されました。メディアは国家権力の宣伝の道具になっていました。治安維持法という悪法のもと、国の方針に沿わない言動をする人は特別高等警察（特高）に厳しく取り調べられました。拷問による死者も出ました。こうした社会の空気に洗脳された一般の人々は、国の方針に沿わないと見た他の国民を「非国民」とののしっていました。戦争が激しくなるにつれ、国家権力は神である天皇のために死ぬことは国民の義務であり名誉であるとして国民を使い捨てるような態度を取りました。それに従って戦死した軍人を「名誉の戦死」をしたと美辞麗句の限りを尽くして褒め称えました。戦死者の葬儀にお悔やみを言うことは許されなかったと記憶します。こうして死んだ人たちの霊魂の受け容れ先が靖国神社でした。国民個人の人権とか人間の尊厳とかについては全く考慮されませんでした。

政府が自らに都合の悪いことを国民に知らせなかったことは前に述べましたが、政府は同盟を結んだ国についても不利なことは報道しませんでした。それどころかラジオはしばしばヒトラーの演説を放送し褒め称えました。

日本会議の人たちはアジア・太平洋戦争のことを当時の政府の定めた呼び名である「大東亜戦争」と呼んでいるそうです。しかし、既にお話したように、アジアの諸地域を欧米の植民地から解放する、というのは政府の表向きの言い分に過ぎず、広大な地域を日本の領土とすることを外に漏らさないかたちで決めていました。

また、日本会議の人たちは、アジア諸地域の人たちが戦後植民地支配を排除し独立したことを、彼らの言う「大東亜戦争」の正当性の根拠としているようです。しかし、第二次大戦後の植民地の独立は全世界で起こったことです。アジア特有の現象ではありません。それは世界的に民族独立の気運が高まったこと、一九六〇年（昭和三五年）国連で「植民地独立付与宣言」が可決されたことがそれを加速させたためと言われています。


ここで時代を戻し終戦後の話をしたいと思います。降伏後、日本は米国を中心とする連合国の支配下に入りました。総司令官は米国のマッカーサーで、彼の下で具体的な政策を立案する部局はＧＨＱと呼ばれていました。

昭和天皇に対する米国の国内世論、連合国に属する諸国の見解は厳しいものでしたが、マッカーサーは占領軍による直接統治よりも昭和天皇を利用した間接統治のほうがはるかに容易と考えその線で政策を進めました。それは日本の政府や宮中の天皇側近の人たちにも望ましいことでしたので大いに協力しました。

一九四五年（昭和二〇年）一二月に「神道指令」と呼ばれるものが日本政府に対し発せられ

ました。日本には明治以来国家神道と呼ばれるものがあり、それに属する神社の運営費は国が支出していました。靖国神社もそのひとつでした。国家神道は軍国主義を推進したと言われていますが、「神道指令」はこうした役割を担っていた国家神道をなくすること、国家が特定の宗教と結びついているのは望ましくないので「政教分離」するというのがその目的でした。この指令で靖国神社はひとつの宗教法人になりました。

また、憲法改正も行われることになりました。幣原喜重郎内閣では松本烝治を委員長とする委員会で原案を作りましたが、それは明治憲法を基本とし若干表現を変えたものに過ぎませんでした。驚いたGHQは大急ぎで彼らの考えに基づく原案を作り日本政府に提示し、それを基本に新憲法を作るよう指示しました。日本の国会は若干の修正を行ったうえでその新憲法を可決し、一九四六年（昭和二一年）一一月三日公布、半年後の翌年五月三日発効しました。

明治憲法では統治権は天皇にありましたが新憲法では主権は国民にあり、天皇は日本国の象徴・国民統合の象徴ということになりました。まさに天動説から地動説への転換、いわゆるコペルニクス的転換でした。人権の尊重、言論の自由、信教の自由も明記されました。しばしば問題となっている九条も盛り込まれました。山崎雅弘さんによると、この条項は幣原喜重郎の発言を受けてマッカーサーがその骨子を決めたというのが現在の通説だそうです。

新憲法発効後の一九四七年(昭和二二年)九月、昭和天皇は側近を通じ、内閣の頭越しにマッカーサーに対し、沖縄に日本の主権を残したまま二五年、五〇年あるいはそれ以上占領を続けることを要請しました。これを日本本土では「沖縄メッセージ」、沖縄では「天皇メッセージ」と呼んでいます。新憲法では天皇は政治的実権を持たないことになっており憲法違反の行為でした。また、昭和天皇は戦後まもなく国民を励ますため全国を巡幸しましたが、沖縄には生前ついに訪れませんでした。沖縄は戦争末期本土の盾となり多くの県民が亡くなりました。それを思う時、昭和天皇の冷酷な一面をみる思いがします。

もうひとつ大切なこととして極東国際軍事裁判がありました。詳細は略しますが、一九四八年(昭和二三年)判決が言い渡され、東条英機、松井石根ら七人に死刑が宣告され、後に刑が執行されました。彼らは後に靖国神社に合祀されました。

その後、東西冷戦が進む中で一九五〇年(昭和二五年)警察予備隊令が公布され、やがて保安隊となり、一九五四年(昭和二九年)自衛隊となりました。

時を少し遡りますが、一九五一年(昭和二六年)、西側諸国との講和条約が米国のサンフランシスコで結ばれました。同時に日米間には安全保障条約が締結されました。

日本の敗戦後独立した朝鮮半島の国――北の朝鮮民主主義人民共和国、南の大韓民国（いわゆる韓国）――、そして国民党と共産党の内戦の結果中国本土を支配することになった中華人民共和国、ソ連との講和条約は後回しになりました。

韓国とは一九六五年（昭和四〇年）日韓基本条約と日韓請求権協定が結ばれました。しかし、これらの条文の解釈をめぐって何かと論争が起こっています。

次に中国ですが、一九七二年（昭和四七年）、当時の首相田中角栄らが訪中し協議の末日中共同声明を発表しました。その中で中国側は日本国に対する賠償請求権を放棄することを明言してくれました。一九七八年（昭和五三年）、園田直外相らが訪中し、日中共同声明を基礎とした日中平和友好条約に調印しました。

日本側はその後中国に対し約三兆円のＯＤＡを提供しました。


次に今まで述べたような日本近代史の残した負の遺産とその処理についてお話ししたいと思います。日本は明治以来戦争に次ぐ戦争を重ねてまいりました。その間、特にアジアの近隣諸国に様々な加害を行い、多くの傷を負わせてきました。それが今なお前記諸国の人々との和解を妨げています。以下、主なものについてお話ししたいと思います。

①従軍慰安婦問題

日本軍は広範な地域に慰安所を設置し、軍人たちに対し、慰安婦に性的サービスをさせてきました。一九九一年(平成三年)、韓国の元慰安婦の方々が謝罪と賠償を求めて東京地裁に提訴しました。これを契機に日本政府は実情を調査し、一九九三年(平成五年)、宮澤内閣の河野官房長官が日本軍の関与を認め謝罪しました。これを受け一九九四年(平成六年)、村山富市を首相とする自民、社会、さきがけ三党の連立政権が「アジア女性基金」という方式で謝罪と償いをすることを決めました。その内容は次のようなものです。

i 元慰安婦の人たちに国民が拠出した償い金と政府が支出した医療福祉支援金を提供する。
ii 時の内閣総理大臣が署名したお詫びの手紙を個々の元慰安婦の方々にお渡しする。
iii 上記を実施するための諸経費は日本政府が負担する。

日本のそれまでの歴代政権は、賠償問題は一九六五年(昭和四〇年)の日韓基本条約、日韓請求権協定で決着済みという態度を取ってきました。そこで村山政権もそれを踏襲し、賠償つまり法的なものではなく道義的なものという形を取ったと言われています。

前に述べたような提案に対する反応は国により、個人によりまちまちでしたが、特に韓国で猛烈な反発が起こりました。慰安婦制度は日本国軍すなわち日本国家が設けたものであるから国家として法的な形で謝罪・賠償をすべきだ、というのです。ここにも日韓基本条約・日韓請求権協定の解釈の違いがあるように思えます。ただ、日本人の中にも「アジア女性基金」という方式に批判的な人がいます。また、北朝鮮にも慰安婦にされた方々はあるはずですがアジア女性基金の対象にはなりませんでした。

二〇一五年（平成二七年）、安倍内閣の外相と韓国の外相との間で次のような合意がなされたと発表されました。

元慰安婦の方々を支援するための財団を設立し、日本政府は一〇億円を支出することで最終的かつ不可逆的に解決した、というのです。日本側はこの際、ソウルの日本大使館前に立てられた慰安婦を象徴する少女像を撤去するよう最大限の努力をするよう求め、韓国側もそれを受け容れたと報道されました。しかし、韓国国民は像の撤去に強く反発しています。大使館前の像は撤去していませんし、新たに釜山の日本総領事館の前に慰安婦像が設置されました。竹島にも慰安婦像を設置するとも伝えられました。日本に対する韓国の人たちの深い怨恨感情をみる思いがします。

②中国国民の強制連行・強制労働の問題

中山武敏ほか著『戦後七〇年・残される課題──未解決の戦後補償Ⅱ』（創史社）によりますと、一九四四年（昭和一九年）一一月、次官会議で中国から労働者を移入することが決定されました。それは労働者の不足に悩む炭鉱、金属鉱山、土木、建設などの企業の強い要望によるものでした。中国で労働者を集めるにあたっては軍事力による強制連行が行われ、約三万九〇〇〇人の中国人が日本全国一三五の事業所に配分されました。終戦翌年の三月までに全国平均で一七・五パーセントの死者を出しました。

また、本書によりますと、戦後、強制連行・強制労働の被害者たちが日本の裁判所に一五の訴訟を起こしました。

当初問題になったのは、日本でも中国でも日中共同声明に書かれていた対日賠償請求権放棄の解釈でした。これが個人や個人の集団の賠償請求権も認めないことにつながるかどうか、ということでした。

始めは個人や個人の集団の賠償請求権を否定するとの解釈が有力で、これが多くの訴えを敗訴に導くことにつながったようです。しかし、やがて個人や個人の集団の賠償請求権を奪うものではない、という見解が日中両国で一般化しました。こうした流れの中で、裁判官の中には原告（強制労働させられていた中国人）の境遇に深い理解を持つ人たちもありました。秋田県花岡での強制労働の裁判を担当していた東京高裁の裁判長は、被告企業（中国人に強制労働をさせていた鹿島建設）と原告との話し合いによる解決が最善と考え大変な努力をしました。その結果、二〇〇〇年（平成一二年）に原告と被告との和解が成立しました。また、広島県安野で中国人を強制労働させていた西松建設と中国人原告との裁判では、最高裁は原告敗訴としましたが、「付言」で話し合いによる和解を勧め、二〇〇九年（平成二一年）に原告と被告との和解が成立しました。

強制労働をさせていたのは企業でしたが、強制連行したのは国でした。しかし、国はそれを償うお金を出すことはしませんでした。

③朝鮮人の強制連行・強制労働の問題

『戦後七〇年・残される課題――未解決の戦後補償Ⅱ』によりますと、朝鮮からは中国よりも早くから多くの人々が強制連行され、強制労働をさせられ残酷な取り扱いを受けました。一九九〇年（平成二年）以降、被害者九グループが日本の裁判所に提訴しましたが、すべて敗訴に終わりました。

ここで思い出すのは第二次大戦中ナチス・ドイツが行った強制労働に対する戦後ドイツの対処の仕方です。ナチス・ドイツは第二次大戦中、占領地から多数の人々を連行し強制労働をさせました。これに対し二〇〇〇年、政府主導のもとに「記憶・責任・未来」という財団を作り、強制労働をさせられた人々に、政府と企業が半分ずつ補償金を出すことを決め実行に移しました。この事業は二〇〇七年終了しましたが、補償金を受け取ったのは一〇〇カ国以上の人たちで約一七六万人でした。事業終了の記念式でケーラー大統領は「補償は平和と和解に向けた旅の始まりに過ぎません」と述べ、ドイツは過去の罪を永遠に償うとの姿勢を強調したそうです。なおこの補償は道義的なものとされたそうです。

④中国への毒ガスの放置の問題

資料の図（本書一一四頁＝遺棄化学兵器の分布状況）をご覧ください。十五年戦争中、日本軍はジュネーブ議定書で禁じられていた毒ガスを使用しました。田中宏ほか著『未解決の戦後補償――問われる日本の過去と未来』（創史社）によりますと、敗戦後、日本軍は毒ガスや毒ガス兵器を現地の土に埋めたまま帰国しました。そのため中国の人たちに多数の被害者が出ました。中国は日本に対し毒ガスのある場所を特定する情報の提供を求めましたが、日

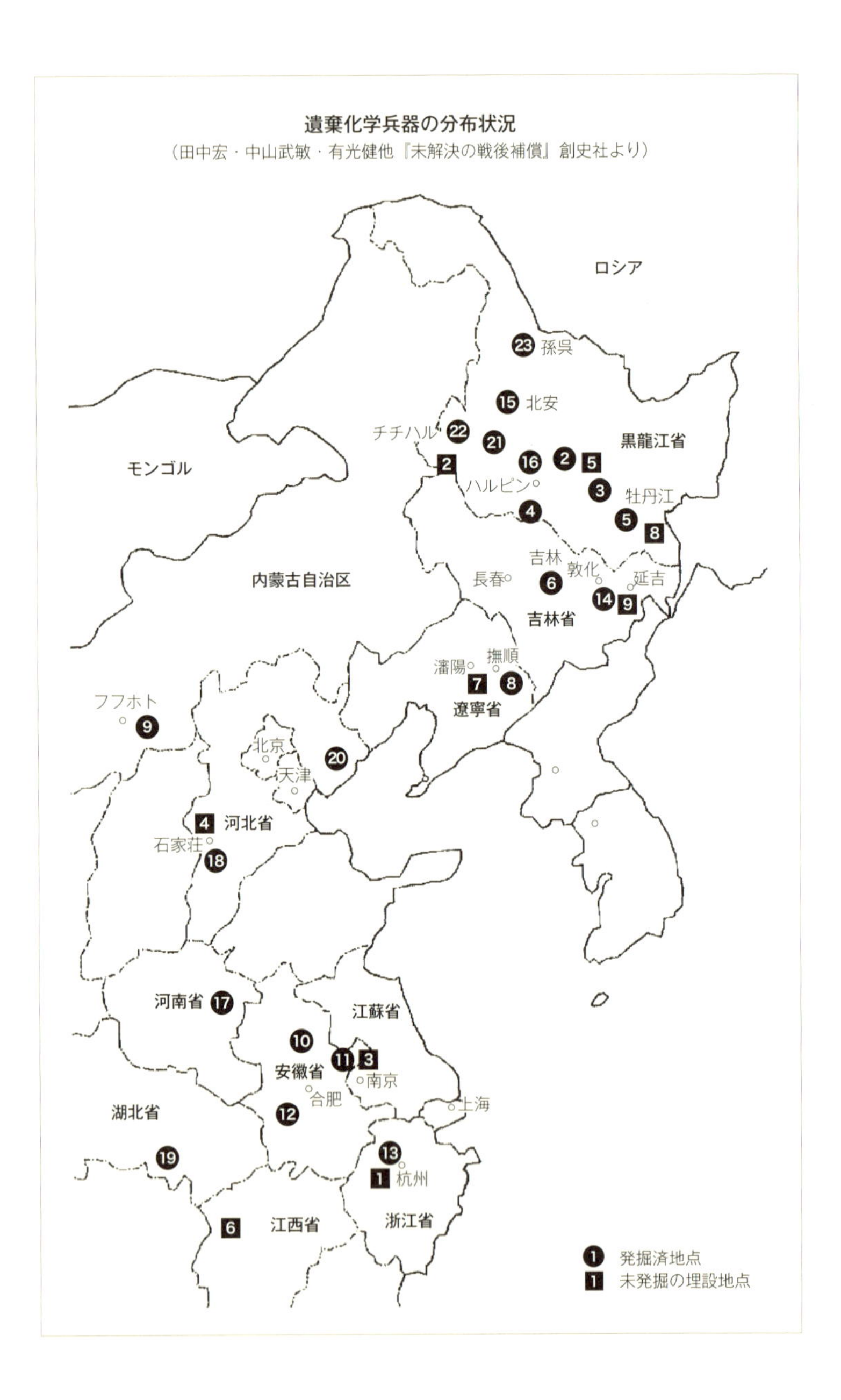
遺棄化学兵器の分布状況
（田中宏・中山武敏・有光健他『未解決の戦後補償』創史社より）
ロシア
23 孫呉
15 北安
チチハル 22
21
黒龍江省
モンゴル
2
16
2 5
ハルピン
3
牡丹江
4
5
8
吉林
敦化
延吉
長春
6
14 9
内蒙古自治区
吉林省
撫順
瀋陽
7 8
遼寧省
フフホト
9
北京
20
天津
4 河北省
石家荘
18
河南省 17
江蘇省
10
11 3
安徽省
南京
合肥
上海
湖北省
12
19
13
1 杭州
6 江西省
浙江省
発掘済地点
未発掘の埋設地点

本は全くそれに応じなかったそうです。

岩波書店編集部編『私の「戦後70年談話」』（岩波書店）の中で、自民党の元幹事長野中広務さんが、中国から土の中に埋めた毒ガスの被害を受けた人たちが訪ねてきて残された毒ガスの処理を訴えたことを書いておられます。

以上、特に問題になったことだけを取り上げましたが、他にも訴訟になったことはたくさんあります。

十五年戦争、つまり満州事変からアジア・太平洋戦争終了までの中国人の死者は、中国のメディア新華社通信によりますと二一〇〇万人にのぼるそうです。期間が長かったこと、戦域が広大であったことを考えると誇張とは思えません。その殺し方は参考文献Ⅱ（本書一二四頁）を見ると全く罪の無い人たちを含む極めて残虐なものでした。拷問、略奪、強姦、民家の焼却も頻繁に行われました。当事者、肉親、見ていた人たちが日本軍に対し強い怒りや深い怨恨感情を抱き続けるのは当然のことと思います。また、父母や祖父母が殺されたため苦しい人生を送っている人たちもあるそうです。

既にお話ししましたように、中国政府は一九七二年（昭和四七年）の日中共同声明で賠償請求権を放棄してくれました。これに対し日本は中国にＯＤＡを提供しました。しかし、日本軍の犯した非人道的行為はお金で帳消しに出来るものではありません。日本は日本軍の犯した犯罪・加害に対し大きな道義的な責任があるはずです。もしＯＤＡで決着がついたと考えるとすればあまりにも非人道的だと思います。

一九九五年（平成七年）、村山首相はいわゆる「村山談話」で過去の侵略、植民地支配につき謝罪しました。また「アジア女性基金」で元慰安婦の方々への謝罪と償いに努めました。サハリンに残された朝鮮半島の方々を母国に送還する事業を行ったとも聞いています。しかし、これら全体をみても、近代においてアジアの隣国の人たちに対して犯してきた加害の罪を償うにはあまりに不十分だと思います。

『私の「戦後70年談話」』の中に一九三一年（昭和六年）生まれの映画監督山田洋次さん、あの寅さんの映画を作った山田洋次さんの文が載っています。山田さんは幼い時期満州にいたそうですが、当時日本人が満州人、中国人に対し傲慢であったことを記した後、次のように書いておられます。

戦後生まれのドイツのメルケル首相は、アウシュビッツ収容所の解放七〇周年に合わせてベルリンで開かれた式典に出席し「アウシュビッツを私たちドイツ人は深く恥じます。人道に対する犯罪には時効はありません。過去を記憶し続けることは私たちの責務なのです」と述べている。ヒトラーの時代に同盟国だった日本は、日本人と日本の政府はこの態度を謙虚に学ぶべきである。中国や韓国との関係改善はそこから始めなければならないだろう。思いやり、という言葉があるが中国人や韓国人の立場に、つまり相手の立場に立って考えてみればそれはすぐ判ることではないか、と少年時代を中国で育ったぼくは今思うのである。

これが山田さんの言葉ですが、私も全く同感です。

なおアウシュビッツというのは多分ご承知と思いますが、ポーランドにある都市でユダヤ人の大量虐殺が行われたところです。

ドイツのヴァイツゼッカー大統領は一九八五年五月、終戦四〇周年にあたり「過去に目を閉ざすものは現在にも盲目となります」という言葉を含む有名な演説をしました。

過去を知ることは勿論大切ですが、それは客観的で正しいものでなければなりません。ドイツは戦後、客観的で正しい歴史を明らかにし、それを後の世代に伝えるために非常な努力をしました。東西冷戦の時代にも、かつて侵略したポーランドの歴史学者と討議を重ね、協力して教師向けのハンドブックを両国の歴史学者が合同で執筆し、一九九四年から五巻に分けて出版したということです。他方、かつての敵国フランスとも共同で歴史教科書を執筆し発行したそうです。また、ドイツにはゲオルグ・エッカート国際教科書研究所という施設があり、世界各国の歴史教科書を収集し、歴史学者、歴史教育者、教科書執筆者の合同会議を開き、教科書の内容が公正・公平なものとなるよう勧告を行っているそうです。

私も歴史に学ぶ場合、客観的な、国境を超えた真実の探求がなされなければならないと思っています。

日本会議の人たちは、国境を越えアジアの隣国の人たちに通用する考え方ではなく、独りよがりの自己正当化を行っていると思います。

日本が過去にアジアの隣国に加害を行ったことは議論の余地がないほど明白なことです。それを否定するようでは隣国との和解が出来るはずはありません。

日本会議の強い影響下にある安倍政権は隣国との本質的な和解に努力することなく、アジアで孤立し、強大化する中国に対抗するため、ひたすら米国に頼り、沖縄に膨大な米軍基地を押し付け、米国との軍事的提携を拡大・強化しています。これは相手のさらなる軍事力の強化という悪循環にはまり込んでいく危険な道だと思います。それに米国はなんの見返りもなく日本のために自らを犠牲にするはずはありません。それが日本に不利益をもたらす可能性は十分にあると思います。

日本会議の人たちは過去における隣国への加害を否定し、自国を正当化することを国を愛することと思っているようですが、それは違うと思います。

どこの国でも過ちを犯すことはあるでしょう。それを知った時、潔く非を認め謝罪や償いをすることこそ己の国を立派にする真の愛国の道だと思っています。これは過ちを犯した当事者だけでなく、国を引き継ぐ子や孫の使命でもあると思っています。

日本会議の人たちの主張する道を選ぶか、私の主張したような道を選ぶか、日本は今、重大な岐路に立っていると思います。柳条湖事件から一四年で日本は惨澹たる敗戦を迎えました。ヒトラーは一九三三年一月に首相になり一二年後の一九四五年五月にナチス・ドイツは降伏しました。日本もナチス・ドイツも、自己正当化し一時的には大成功したように見えました。しかし、基本的、本質的な点で国の進路を誤ったため最終的には悲劇的結末を迎えました。現在の政治の評価もそうしたことを考慮に入れてすべきだと思っています。

現在、国内・国外で日々様々な出来事が起こっています。そして私たちは目先のそれらに気をとられがちです。しかし、現在アジアで起こっている様々な出来事のうち、少なからぬ出来事の根底に、近代における日本の侵略、非人道的な植民地化とその統治が硬い岩盤のように横たわっているように思えて仕方がありません。

戦後ドイツは過去の教訓を生かし、かつて戦った近隣諸国への謝罪と償いを誠実に行い、和解を実現し、ＥＵの一員となりました。

日本も日本会議の主張するような自国正当化の路線を取るのではなく、遅まきながら隣国への謝罪と道義的償いを誠心誠意行い心からの和解を実現する道を歩んでほしいと願っています。そしてそれこそが戦争を避ける最善の策でもあるのだと思います。

最後に、国の進路とは直接的な関係はないように思われるかもしれませんが、私が強くこだわっている沖縄のことについて少し話をさせてください。

沖縄は、幕末には日本の薩摩藩と清国の両方に貢物をささげる、いわば日・清両者の属国のような王国でした。ところが一八七二年（明治五年）に日本政府は強圧的に日本の一部である琉球藩とし、さらに一八七九年（明治一二年）に琉球藩を沖縄県としました。清国は日本のこうしたやり方を認めませんでしたが、日清戦争後それを認めるようになりました。日本政府は沖縄県民に皇民化教育を行ってきました。

アジア・太平洋戦争末期の一九四五年(昭和二〇年)三月二六日、米軍は慶良間諸島に上陸、四月一日には沖縄本島に上陸、日本軍守備隊を次第に南部に追い詰めていきました。この過程で多くの県民が犠牲になりました。日本軍人が県民に対し数々の残酷な仕打ちをしたとも言われています。一四歳以上の少年を鉄血勤皇隊に組織し、実戦に参加させ、その五〇パーセントが死亡しました。女子生徒はひめゆり学徒隊その他を結成して軍に協力し五七・五パーセントが死亡しました。

既に述べたように、六月二三日、島の南端に追い詰められた日本陸軍の首脳は自決し、組織的抵抗は停止しました。

当時広島にいた私には、沖縄がごく近くに感じられ、いよいよ次は我々の番だ、と実感しました。

こうして本土の盾となった沖縄に対し、昭和天皇は既に述べたように「沖縄メッセージ」により米軍の沖縄占領の継続を要請しました。

一九七一年(昭和四六年)、佐藤栄作内閣の時に、沖縄返還協定に調印、翌年五月、沖縄は日本に返還されました。しかし、その後も政府から膨大な米軍基地を強圧的に押し付けられて苦しんでいます。

ここで思い出すのは大田実海軍少将のことです。今から四〇年くらい前だったでしょうか。琉球大学に集中講義に行った際、豊見城にある海軍壕と呼ばれているところを見に行きました。斜めに深く掘り下げてある壕の入り口に、沖縄の海軍司令官だった大田実海軍少将が、六月六日の午後八時過ぎ、自決直前に海軍次官にあてて送った電文が掲示されていました。そこには沖縄県民が如何によく日本軍に協力してくれたかが切々と述べられ、最後に「沖縄県民かく戦へり。願わくは後世県民に対し特別のご高配を賜らんことを」と記されていました。現在の沖縄の状況は「特別のご高配」どころかその真反対です。現在の状況を変えるのは本土の日本国民全体の重要な責務だと思っています。そして解決のカギは、中国との真の和解を進めることにより沖縄の米軍基地の必要性を少なくすることだと思っています。

本日は日本の進路について二つの対照的な考え方に分けて話をしてまいりました。国の進路は若い世代の方々の将来に大きな影響を持つものです。若い世代の方々にこそ己の将来にかかわる問題として強い関心を持っていただきたいと願っています。

最後に「9条の会」の方々にお願いしたいことがございますので申し上げます。憲法九条は言うまでもなく大きな問題です。しかし、それは国の進路というさらに大きな問題の一部です。日本会議の人たちはその是非は別として国の進路の全体について大きな一貫した理念を持っています。一方、それに対抗する側には国の歩みについての大きな一貫した理念が欠けているように思えて仕方がありません。「9条の会」の方々には九条の問題が国の進路という更に大きな問題の一部であることを意識しつつ活動をしていただきたいのです。そして日本会議に対抗できるような、さらにそれを打ち負かすような国の進路についての一貫した説得力のある理念を確立していただきたいと願っています。これは反戦運動を行っておられる様々なグループについても望まれることです。そうして「9条の会」その他のグループが結束して日本会議に対抗し、さらにそれを打ち負かしていただきたいと願っています。

これで私の話を終わりにします。

あとをよろしくお願いします。ご清聴ありがとうございました。

資料

参考文献

Ⅰ．日本会議関係

①菅野完『日本会議の研究』扶桑社新書
②青木理『日本会議の正体』平凡社新書
③上杉聰『日本会議とは何か』合同出版
④山崎雅弘『日本会議――戦前回帰への情念』集英社新書
⑤成澤宗雄編著『日本会議と神社本庁』金曜日

Ⅱ．戦争の実情（投書、聞き取り調査など）

①朝日新聞社編『戦争体験――朝日新聞への手紙』朝日新聞社
②朝日新聞社編『戦場体験――「声」が語り継ぐ歴史』朝日新聞社
③不戦兵士・市民の会、猪熊得郎『人を殺して死ねよとは――元兵士たちが語りつぐ軍隊・戦争の真実』本の泉社
④北海道新聞社編『戦禍の記憶――戦後六十年　百人の証言』道新選書
⑤戦争体験保存の会、中田順子・田所智子編著『戦場体験キャラバン――元兵士2500人の証言から』彩流社
⑥松岡環編著『南京戦　閉ざされた記憶を尋ねて――元兵士102人の証言』社会評論社

特に残虐であった七三一部隊に関するもの

①篠塚良雄・高柳美知子『日本にも戦争があった――七三一部隊元少年隊員の告白』新日本出版社
②青木冨貴子『731』新潮社
③常石敬一『七三一部隊――生物兵器犯罪の真実』講談社現代新書
④森村誠一『新版　悪魔の飽食――日本細菌戦部隊の恐怖の実像』角川文庫

上記に準じるもの

①伊東秀子『父の遺言――戦争は人間を「狂気」にする』花伝社
②岡部牧夫他『中国侵略の証言者たち――「認罪」の記録を読む』岩波新書

Ⅲ．戦後問題

①田中宏・中山武敏・有光健他『未解決の戦後補償――問われる日本の過去と未来』創史社

②中山武敏・松岡肇・有光健他『戦後70年・残される課題――未解決の戦後補償Ⅱ』創史社

Ⅳ．近代史

①玖村敦彦『改訂版　かえりみる日本近代史とその負の遺産』寿郎社

キーになる事項

①山県有朋の「主権線・利益線論」……一八九〇年（明治二三年）、意見書「外交政略論」で山県（当時首相）は日本の独立自衛のためには主権線の守護とともに利益線（主権線の安全に密接な関係のある隣接地域）の防護が必要と論じ、「わが国利益線の焦点は実に朝鮮にあり」と論じた。

②一九四三年（昭和一八年）五月、御前会議で「大東亜政略指導大綱」が決定された。その中で「マライ、スマトラ、ジャワ、ボルネオ、セレベスは帝国領土と決定し……これらの地域を帝国領土とする方針は当分発表しない」と記されていた。

「日本会議」について

主な活動

日本の皇室関連の運動
・男系による皇位の安定的継承を目的とした皇室典範改正
・皇室の地方行幸啓の際の奉迎活動

改憲運動
・地方、中央における憲法シンポジウム・講演会の開催
・憲法改正要綱の作成

教育関連の運動
・学校教科書における「自虐的」「反国家」な記述の是正
・「親学」にもとづく、親への再教育、いじめ撲滅等を目的とした「家庭教育基本法」の制定
・教育委員会制度の改革
・「公共心」「愛国心」「豊かな情操」教育等を盛り込んだ「新教育基本法」の制定
・「国旗国歌法」の制定

国防関連の運動
・海上保安庁法等の改正（一部改正）
・平時における自衛隊の領域警備に関する役割を定める法律の制定

・自衛隊法の改正等による「有事法制」の整備

靖国神社関連の運動

・内閣総理大臣の靖国神社公式参拝実現
・靖国神社に代わる無宗教の「国立追悼施設」建設反対

極端な男女平等思想への反対運動

・「選択的夫婦別姓法案」反対
・「ジェンダーフリー」運動反対

日本の主権を侵害すると見做した動きへの反対運動

・外国人地方参政権反対
・「人権機関設置法」反対
・「自治基本条例」制定反対

組織

二〇一七年九月一日現在
【名誉会長】三好達（第三代会長、元最高裁判所長官）
【会長】田久保忠衛（外交評論家、杏林大学名誉教授、第四代二〇一五年）

【副会長】　小堀桂一郎（東京大学名誉教授）　田中恆清（神社本庁総長）
【顧問】石井公一郎（ブリヂストンサイクル元社長）　鷹司尚武（伊勢神宮大宮司）　小松揮世久（神宮大宮司）

日本会議国会議員懇談会

日本会議国会議員懇談会は、日本会議を支援する超党派の議員によって構成される議員連盟。一九九七年設立。
【概要】
二〇一八年六月の時点での参加国会議員数は約二九〇名。そのうち約九割が自民党員である。
【安倍内閣への入閣】
第二次安倍改造内閣では、日本会議国会議員懇談会会員の中から一五人が入閣した。第三次安倍第一次改造内閣でも会員が一二人入閣している。
【役員】
特別顧問　安倍晋三　麻生太郎
相談役　谷垣禎一
会長　平沼赳夫
会長代行　額賀福志郎
副会長　石破茂　小池百合子　菅義偉　中谷元　古屋圭司　山崎正昭

幹事長　下村博文

事務局長　萩生田光一

（※参考文献：上杉聰『日本会議とは何か』合同出版、成澤宗雄編著『日本会議と神社本庁』金曜日、俵義文『日本会議の野望』『日本会議の全貌』ともに花伝社など）

「日中の和解を庶民の立場から考える会」での発言から

二〇一七年三月一八日、於・玖村の居住する札幌西区のマンション

これからご紹介する伊東秀子さんは、札幌で弁護士をなさっている方です。伊東さんは、この会に出席できれば出席したいとのことでしたが、外国に行かれるためかなわず、私が伊東さんがお書きになった『父の遺言』という本の一部を紹介させていただきます。

……伊東さんが近年、中国東北部にいらっしゃった折り、九月一八日九時一八分になると「サイレン」が鳴り、車は一時停車し、道を歩いていた人も歩みを止めて沈思黙考した。とのことでした。……

九月一八日は、「柳条湖事件」つまり、一九三一年（昭和六年）、中国東北部にあり日本が利権を持っていた鉄道を日本軍が爆破し、それを「中国軍」がやったという口実で満州事変

を始めたのが九月一八日なのです。つまり、中国への本格的侵略の始まった日なのです。今の日本で、どれだけの人が「柳条湖事件」――それが九月一八日だったということを知っているでしょうか。

加害者は己の加害を忘れ易く、被害者は己の被害を忘れないことを端的に示している事例だと思います。

伊東さんは、中国にかなりの数の友人をお持ちのようですが、その中の一人「周桂香」という女性の大学教授からの、日本語の手紙が本の中に引用されています。

その中に、安倍晋三首相の戦後七〇年談話について記述があります。

安倍首相は、戦後70年談話の中で「日本では、戦後生まれの世代が、今や人口の8割を超えています。あの戦争には何らかかわりのない私たちの子や孫、そしてその先の世代の子供たちに謝罪を続ける宿命を背負わせてはなりません」と言いました。

私が納得できないのがこの談話の後半部分です。

安倍総理をはじめ、このような歴史認識を持っている日本の方々には、是非中国に来ていただき、普通の庶民たち、特に山東省や湖北省、南京、上海に住む人達と会って交流してもらいたいと思うのです。

中国のあちこちに、戦時中に日本軍が作ったトーチカなどの戦争の遺物が残されています。戦争の歴史は今もなお生きています。70年前の戦争の記憶は、私たちの子や孫の記憶の中でもまだ生々しく、消えていません。

安倍首相は、「子や孫そしてその先の世代の子供たちに、謝罪を続ける宿命を背負わせてはなりません」と言います。

しかし、被害者の子や孫そしてその先の世代が、あの日中戦争の傷痕に苦しみ続けていることについてどう考えているのでしょうか。中国人の子や孫を苦しませ続ける権利が日本にはある、というのでしょうか。

戦中派・戦後派の多くの皆さんへ

私は十五年戦争の時代に広島で成長し、一九歳の時原爆を投下され凄惨極まる光景を目にした。またその後長く放射能障害に苦しんだ。

八〇歳になった頃、己の人生において最も痛切な経験であった原爆のことを考えるようになり、なぜにあのような事態に至ったのかを考えた末、この理由は明治以降の国の歩みのあり方から考察する必要があると思うようになった。そこで、膨大な数の文献を読み、その結果をまとめ、『改訂版　かえりみる日本近代史とその負の遺産』（寿郎社）として刊行した。

このことを通じて痛感したのは、日本が対外拡張主義・帝国主義的な国の歩みを通じて、いかにアジアの隣国、特に朝鮮半島と中国の人たちに大きな加害をしてきたかということと、その加害に対する責任の取り方がいかに不十分だったかということであった。このことが朝鮮半島や中国の人たちとの和解がいまだに達成されず、ひたすら米国との軍事的提携を拡大・強化し、沖縄に膨大な米軍基地を押し付けるという結果を招いているのだと思うようになった。

『私の「戦後70年談話」』（岩波書店）では、多くの執筆者が戦前の国のあり方の不条理であったことを指摘し、戦争末期の空襲による被害体験を書いている。

安倍晋三首相の戦後七〇年談話は韓国併合やその後の非人道的な統治についても、隣国に対する加害への責任をいまだ果たしていないことにも、言及していない。

日本政府は韓国の日本軍「慰安婦」問題について一九九三年（平成五年）、宮澤内閣の河野洋平官房長官が「河野談話」を出して謝罪した。これを受けて、九四年、自由民主党・日本社会党・新党さきがけの連立政権は「アジア女性基金」という財団を作り、元「慰安婦」の救済事業を始めた。また九五年に村山談話を出し、過去における日本の加害につき謝罪した。

しかしこれらは、過去日本が近隣諸国に対して犯した加害の甚大さを思う時、あまりにも微々たるものと思う。中国は一九七二年（昭和四七年）に田中角栄首相が訪中した時、賠償請求権を放棄した。これに対し日本は三兆円のＯＤＡ（政府開発援助）を提供した。このことにより中国に対する法的責任はなくなっただろう。しかし、中国に対する道義的責任がなくなったわけではない。中国国民に対しては十五年戦争中、言語に絶する残虐な行為をしてきた。七三一部隊のしたことはまさに悪魔の所業であった。私の願うことは遅まきながらアジアの近隣国に対する法的・道義的責任を果たし、心からの和解を実現し、沖縄を米軍基地の重圧から解放することである。

テレビを見ていて感じるのは、あまりにも過去の歴史に無知な人が多いということである。一九八五年（昭和六〇年）、ドイツのヴァイツゼッカー大統領が「過去に目を閉ざすものは現在にも盲目になります」という有名な演説をした。そのとおりだと思う。

（『週刊金曜日』二〇一八年一二月一四日号「論争」欄）

第二次大戦後の加害責任の取り方における日・独の違い

日本は第二次世界大戦において、ヒトラーの率いるナチスドイツとともに、米・英その他の「連合国」と戦い敗北した。ドイツは日本に先立ち降伏した。このドイツの、戦後の国の歩みを見ていこう。

降伏後、ドイツ東部はソ連、西部は米・英・仏が統治することとなった。東西冷戦が進み、一九四九年五月、西部地域にはドイツ連邦共和国（西ドイツ）、同年一〇月、東部にはドイツ民主共和国（東ドイツ）ができた。東ドイツは後に西ドイツに吸収され一体化するので、以下しばらくは西ドイツの歩みに注目する。国際法的には、正式な国家賠償は東西ドイツが一体化するまで出来ないことになっていた。しかし、ナチスドイツによる被害を受けた人々、国々の実情は座視できないものだった。そこで西ドイツは独自で謝罪や償いを行っていった。

一九五一年九月、アデナウアー首相は議会で、「ドイツ民族の名において筆舌に尽くし難い犯罪が行われた」、「ユダヤ人に対し道徳的、物質的補償を行う義務を負っている」と述べた。五二年九月、アデナウアー首相はイスラエル外相に対し、三〇億マルクに相当する物資を一二年間提供することを約束した。また、対独ユダヤ人補償請求会議に対し、四億五〇〇〇万マルクを支払うことを約束した。さらに、五六年には「連邦補償法」が成立し、国内に限らず国外に移住した犠牲者も補償の対象とすることとなった。五九年から六四年まで、一二カ国のナチスドイツにより被害を受けた個人への補償も行った。

一九九〇年の冷戦終結後、東ドイツは西ドイツに吸収合併されドイツは一体化した。二〇〇〇年、戦時中に強制労働をさせた人たちに対し、政府と民間企業が半分ずつ出資して補償基金「記憶・責任・未来」を発足させ、二〇〇七年まで継続して一七六万五〇〇〇人に総額約四三億七三〇〇万ユーロを支払った。

ドイツには数千カ所に加害の歴史を示す施設・物件が保存されているという。それらの中で特に大きいのは、ベルリン中心部にある虐殺されたユダヤ人を追悼する約一ヘクタールの施設で、墓標を思わせる構造物が延々と連なっている。地下には言葉によってナチスドイツにより虐殺された多数のユダヤ人について解説する部屋があるという。この施設と、それを建設した経緯については、渕上吉男著『外国の街角で日本を振り返る』（風詠社）に詳述されている。この施設の建設については賛否の意見が存在したが、一九九九年五月に連邦議会で圧倒的多数により可決されたという。

第二次大戦後のドイツは、過去の加害に対し誠心誠意謝罪と償いを行い、かつての敵国と和解し、ともにＥＵ（欧州連合）を形成しその中心的存在となった。

日本の戦後の歩みとはまことに対照的である。

（『週刊金曜日』二〇一九年一月八日号「論争」欄）

日本が殺害した人々の追悼施設を作ろう

渕上吉男氏による『外国の街角で日本を振り返る』（風詠社）という本がある。この中で、著者は、ベルリン中心部にある（ナチスドイツにより殺害された）ユダヤ人追悼施設がドイツ連邦議会の決議により建設されたいきさつを記している。そして著者は、それに続いて日本の侵略戦争・植民地支配の犠牲者を哀悼するための記念施設が国会の決議によって作られる日はいったいいつくるのだろうか、日本とドイツの落差はあまりにも大きい、とも記しているのである。

日本は明治以降アジア・太平洋戦争終結まで、対外膨張主義・帝国主義の道を進み、多くの人々、特にアジアの近隣諸国、中でも中国と朝鮮半島の人々を多数殺害してきた。

戦争による殺害ばかりではない。一九〇七年（明治四〇年）、日本の韓国支配強化に対する武装蜂起が起こり、多数の「義兵」が日本軍により殺害された。結局、韓国は一九一〇年（明治四三年）に日本に併合された。

第一次世界大戦後、米国のウィルソン大統領の「民族自決」の主張を伝え聞いた朝鮮の人たちが三・一独立運動（一九一九年〔大正八年〕）に立ち上がり、多数の人たちが日本軍に虐殺された。さらに一九二三年（大正一二年）の関東大震災の際には、在日朝鮮人が井戸に毒を投入したという流言のため、約六〇〇〇人が殺害されたという。アジア・太平洋戦争末期には朝鮮にも徴兵制が適用され、多数の若者が戦場に送られた。

中国では十五年戦争の時代、日本軍は広大な地域を占領し、民間人を含む約二〇〇〇万人の人たちを殺害したという。

また、朝鮮・中国から多数の人々が強制連行され、危険な仕事を強いられ、多くの死者を出した（以上、渕上氏のほかは、拙著『改訂版　かえりみる日本近代史とその負の遺産』〔寿郎社〕による）。

これらの日本による近隣諸国の人々への加害を考える時、国会決議により犠牲者たちに対する謝罪と追悼の施設を建設することは当然だと考える。さらに国会内に日本軍「慰安婦」像を設置することで、過去の罪を想起し未来への戒めとすることを願う。

このようなことを書くと「頭がおかしい」と批判をされる人もいるかもしれない。しかし、私はいま九三歳だが、戦争の時代を知っているものの責任として、過去の加害を伝える必要があると思っている。日本がドイツのような追悼施設を建てるような気持ちになることによって、アジアの近隣諸国の人々との真の和解が実現に近づくということを、後世の人々に伝えておきたいと切に思っている。

それは決して自虐ではない。日本が自らの過去に対して責任を取り、人類の普遍的な倫理に立つ国にいくらかでも近づいてほしいと願うからである。

（『週刊金曜日』二〇一九年六月七日号「論争」欄）

沖縄の人々のことをわが身のこととして考えよう

沖縄は明治の始め清と日本に朝貢する日清両属の王国だった。しかし一八七二年（明治五年）、日本政府は強引に日本所属の琉球藩とし、一八七九年（明治一二年）、沖縄県として県民の皇民化を進めた。アジア・太平洋戦争末期、沖縄は本土防衛の盾となり、県民多数が地上戦に巻き込まれ死亡した。男子生徒は鉄血勤皇隊、女子生徒はひめゆり隊などを結成、軍に協力した。そして隊員の半数ないしそれ以上が死亡した。日本軍が県民に対し残虐な行為をした事例が多く語り継がれている。

終戦・新憲法成立後、昭和天皇はマッカーサーに対し主権を日本に残したうえで、米軍が二五年、五〇年あるいはそれ以上占領を続けるよう要請した。なんと冷酷なことかと思う。終戦後二七年目に佐藤栄作内閣により本土復帰が実現した。しかし、今なお膨大な米軍基地の負担を強いられ苦しんでいる。沖縄を犠牲にして地上戦を免れた本土の人々には沖縄の人々の長い苦難をわが身のこととして考え問題の解決に努力する義務があると思う。

（二〇一八年、北海道新聞に投稿、不掲載）

IV

『改訂版　かえりみる日本近代史とその負の遺産』について

八〇歳になった頃、己の人生を振り返り最も痛切な体験をした原爆のことを思い出し、何故あのようになったのかを思索した末、この問題は明治以来の国の歩みのあり方から考えないと解明できないと考えるようになった。そこで近代史に関する膨大な数の文献を読み、『かえりみる日本近代史とその負の遺産』（寿郎社）を二〇一四年四月に刊行した。その後、同書を読み返しているうちに不満足な箇所が多数見つかった。そこで、出版社に頼み、二〇一五年七月改訂版が出版された。この本は同年八月、日本図書館協会選定図書に指定された。

本書は、①私の戦争体験、②かえりみる日本近代史、③日本近代史の負の遺産とその清算・克服の三部からなる。

この本を書くことによって痛感したのは、①日本が明治以来アジア・太平洋戦争敗北まで対外膨張主義・帝国主義の路線を進み、アジアの近隣諸国、特に朝鮮半島と中国の人たちにいかに大きな加害をしてきたかということ、戦後における加害に対する責任の取り方が、第二次世界大戦後のドイツに比べていかに不十分であったか、ということであった。

そして②私の記憶している十五年戦争の時代に日本の国家権力が真実の報道をすることを許さず、天皇を神格化して日本を世界にただひとつの神国とし、国民は神である天皇のために死ぬのは義務であり名誉なことととして国民を消耗品のように使い捨てたこと、多くの国民も時代の空気に流されてそれに同調したことである。

現代は近代史の土台の上にある。現在の国の正しい歩みを考えるために近代史を学んでほしいと願う。

日本は核兵器の廃絶さらに世界平和の実現を目指そう

日本は、既に繰り返し述べたように、アジアの近隣諸国に大きな加害を及ぼしてきた。今、私の強く願うことは、遅まきながらまずこの責任を十分に果たし、近隣諸国との和解を実現してほしいということである。

次に、日本は世界で唯一の原爆被爆国として己の被害から他国民が核兵器の攻撃を受けた場合の惨状を推察し、いかなる国の国民もそのような事態にならないよう国際社会で努力してほしいということである。私の被爆体験については既に述べた。ここでもっと一般的な原爆被害について述べておこう。原爆投下直後、短時間に多くの人が死亡した。その惨状は言語に絶するものだった。一九四五年(昭和二〇年)末までの死者は一四万人、その後一〇年くらいの間に放射能障害のためかなりの数の被爆者が亡くなったと聞いている。

また被爆者の中には数十年にわたり「原爆ぶらぶら病」に苦しんだ人たちも少なくない。これはなんとも言えない脱力感のためまともに仕事が出来ずぶらぶらするほかはないことからつけられた名前である。しかも通常の医療検査では何の異常も見出せず、そのため周囲から怠け者とみなされ男女ともに辛い人生を余儀なくされた。原子力百科事典ＡＴＯＭＩＫＡによれば癌の発症率が数十年わたり増加したという。

『原爆五〇〇人の証言』（朝日文庫）には、広島大学の調査によれば、広島市内で被爆した妊婦から生まれた子供のうち四〇人以上が原爆小頭症であることが判明しているという。小頭症の子供を生んだ母親の気持ち、唯一度のかけがいのない人生を精神異常者として生きなければならなかった子供の運命を思う時、そして私が原爆投下直後に目にした凄惨な光景を思い起こす時、原爆投下は絶対悪と言うほかはない。

今、北朝鮮と米国の間で核兵器の開発・保有をめぐって論争が行われている。

私は北朝鮮が核兵器を持つことには同意出来ない。しかし、原爆を実際に使用し無差別大量虐殺を行った世界で唯一の国である米国が、己の核兵器の保有を正当化し、他国に核兵器の放棄を迫る資格があるだろうか。また、アジアの近隣諸国に対する過去の加害への責任を取らずアジアで孤立し米国の「核の傘」依存している日本の国の歩みにも根本的な問題があると思う。

ただ、アジアの隣国にも一党独裁という大きな問題を抱えている国がある。こうした国に対しては民間交流や留学生受け入れなどにより長期的な視点に立ってより良い国になるよう努めていこう。

もし大国が本格的な戦争を始めるならば、必ず核兵器を使用するだろう。国益が錯綜する中、世界平和を口にすればあまりにも単純と揶揄されるだろう。しかし、現代の戦争はあまりにも残酷である。戦争を避けるただ一つの道は非戦の道を進み、国家間の利害対立を外交交渉で解決することと思う。そのためにも日本が過去に犯した近隣諸国への加害への責任を果たすことは大切である。

日露戦争の時、幸徳秋水は「露国の兵士といえども人の子なり。人の夫なり。人の父なり。諸君の同胞たる人類なり。それを思うて残暴の振舞あることなかれ」と日本の軍人に呼びかけた。真理はある意味で単純である。私は前記の基本精神に共感する。

私はアジア、米国、欧州の国々の人々と交わり、さらに多くの地域から留学生を受け入れた。それらの人々ことを想う時、国家権力がどうであれ、世界の国民の平和を願わずにはおられない。

（二〇一九年六月一八日）

あとがき

この本の構成、書いた動機については「まえがき」で述べた。全体を書き下ろしたのではなく、多くの独立した文書を羅列したので重複した箇所が少なくないことをお詫びする。

ただ全体を通じて言えることは、日本は今、アジアの近隣諸国に対する過去の加害の責任を果たし和解する方向に進むのか、それとも安倍首相の主張するように過去を正当化し、米国に依存し沖縄を犠牲にして米国との軍事的提携を拡大・強化する方向に進むのか、という重要な分岐点に直面しているということである。私は前者の立場に立つが、近隣諸国にも問題があることは承知している。しかし日本は己の果たすべき責任を果たし、内政干渉にならない形で（留学生の受け入れ、民間交流など）近隣諸国の国民の人たちが幸せになる道を進んでほしいと願う。正しい判断は現状および日本の近現代史の正しい認識を必要とする。現在、政治家や言論人の言葉を聞いていると彼らの歴史認識の浅薄さ・欠如を感じざるをえない。このような状態では日本は正しい歩みをすることが出来るはずがない。

本書が前記の判断、認識を正しくするうえで読者の方々のお役に立てば筆者としてこんな嬉しいことはない。

本書をお読みくださった方々、後をどうぞよろしくお願いします。

玖村敦彦

二〇一九年七月

玖村敦彦（くむら・あつひこ）

1926年（大正15年）山口県生まれ。現在、93歳。札幌市在住。少・青年期を広島市で過ごす。1945年（昭和20年）8月、旧制広島高等学校２年の時、原爆を体験する。同校卒業後、東京大学農学部農学科に進学し、卒業後は農学科農学第二講座（作物学研究室）に残り、光合成を中心として作物の生理・生態を研究するほか、耕地の炭素循環を生態系生態学の視点から解析。定年後、東京大学名誉教授。1986〜95年、国士舘大学教授。
80歳頃より戦争・原爆の記憶から日本の近代史に強い関心を持つようになる。歴史関係の著書に『改訂版　かえりみる日本近代史とその負の遺産』（寿郎社）がある。

日本の歩みを強く危惧する——93歳の原爆体験者からの訴え

発　行　2019年9月13日　初版第一刷
著　者　玖村敦彦
発行者　土肥寿郎
発行所　有限会社 寿郎社
〒060-0807　北海道札幌市北区北７条西２丁目 37 山京ビル
電話 011-708-8565　FAX 011-708-8566
郵便振替 02730-3-10602
e-mail doi@jurousha.com
URL http://www.ju-rousha.com
印刷・製本　株式会社アイワード
ISBN978-4-909281-17-3 C0036